自分の本音と対話すれば
最速で目標が達成される

IMAGING NOTE

# 努力をやめるノート

ジョイ石井

フォレスト出版

ここらで本物の幸せに向かって
本気で人生を歩み始めませんか。

# はじめに

## ◉努力するほど目標達成が遠ざかる理由

努力することはすばらしいことだと、私たちの誰もが知っています。

実際に、努力をするのはすばらしいことです。努力家はいつも周りから尊敬される対象です。

なぜ、努力することはすばらしいと言われ、高い評価をもらえるのでしょうか。

それは、努力には苦痛がともないますし、忍耐力も、そして、精神力も必要とされ、誰でも簡単にできることではないからです。

その「誰でもできるわけではないこと」のすべての条件を満たしてこそ、初めて大きな成果へとつながる「報われる努力」となり得るのです。

しかし、努力は必ず報われるというわけではありません。どんなに努力しても満足のいく結果までは届かないということもあります。むしろ、そちらのほうが割合としては多いと言えるのではないでしょうか。

だからこそ、私たちは**「結果は残念だったけど、頑張ったんだからしかたがない」というような言い訳で、報われなかった自分の努力を癒《い》やしたりするのです。**

でも実は、あなたが今まで歯を食いしばりながら頑張ってきた努力こそが、失敗やつまずきの原因だとしたら、あなたはどうしますか。

残念ながら、これは事実なのです。

**努力こそが私たちの足を引っ張り、努力こそが自分の限界をつくっています。**なぜなら、あなたが努力をすると、あなたの潜在能力はその途端に発揮してくれなくなるからです。

潜在能力はあなたの底力です。本来ならば、頑張って努力しているのだから、あなたに潜在している底力は、そんなときこそ強力な助っ人となって力を貸してくれそうなものです。しかし、実際はその反対なのです。

潜在意識の別名は、無意識です。つまり、あなたの頑張ろうという意識が強くなればなるほど、潜在意識は自分たちの出番ではないという指示を受け取り、後方に控えてしまうのです。

結果を意識すればするほど、なかなかうまくいかず空回りしてしまうということを、あなたも経験したことがあるのではないでしょうか。そういうときは、潜在意識とあなた自身が協力体制になっていないときなのです。

## ◉成功者に共通する3つの強烈なイメージ

そして、もうひとつ理由があります。

努力しようとするあなたの意識が、これからチャレンジすることのハードルを上げ、余計に難しくしてしまうのです。簡単なことや以前にできたことをしようとするときに、あなたは努力しようとは意識しないでしょう。

つまり、「頑張る」「努力する」という意識は、今これからチャレンジすることは、それくらい難しいことなんだ、大変なことなんだ、というイメージを自らが思い浮かべているということなのです。

こうして考えると、賞賛され、尊敬されるべき「努力」は、思うほど成果につながらず、報われそうにも思えなくなってきます。

私がカウンセリングを通して知り合えた多くのすばらしい成功者たちは、もちろん努力家でした。でも、特別苦痛に強いわけでも、ずば抜けた忍耐力が備わっているわけでも、尋常ではない精神力の持ち主でもありませんでした。

彼ら成功者たちに共通するものが、実は他にあったのです。

彼らは何よりも、**「自分の欲しているモノ」「求めているやりたいこと」「なりたい理想の自分」**が、とにかく強烈に、明確にありました。それらを自分のものにするために、ただひたすら人生を突き進んでいたのです。本書でご紹介するノートも、この3点を核にして書くものです。

そして、その結果、成功者たちは、最初に欲していたモノを手に入れ、求めていたやりたいことを成し遂げ、理想としていた自分になれたのでした。

彼ら成功者との会話で私と意見が一致したことは、頑張って努力してきたから、求めていた理想の人生を手に入れられたのではなく、求めていた理想の人生が、時に目の前の現実よりも明確だったからこそ、頑張れもしたし、努力もやり続けられたということです。

## ◉行動が勝手に起こる仕組みを手に入れる

さらに言えば、自分の求めていた理想が、目の前の現実よりも明確で、それを追い求めているときは、一切の頑張りや努力という意識がないのです。

彼ら成功者たちにとっての努力とは、他人が自分に与える称号であって、間違っても自分から「努力しよう」などという意識は持たないのです。

周りから「頑張っていますね」「すごく努力をしていますね」と評価されても、当の本人にしてみれば、そういう意識はほとんどありません。

自分が本気で求めている理想に向かっているからです。誰かに頼まれてやむなく頑張っているのとは違います。

**自分の意思で自分の勝手で行動を起こしているだけにすぎないのです。**その願望に対する想《おも》いの強さが大きければ大きいほど、彼らの行動も人並み以上であり、それがさらに努力しているように周りには見えてしまっているだけなのです。

私が本書でご紹介する「努力をやめるノート」は、もともと私自身が時間つぶしに書き始めたものです。

このノートのおかげで、私は自分の求めていた理想の人生をことごとく手に入れることができました。そして、その理想は今もまださらに大きく広がり続けていて、さらに大きな幸せを手に入れるために今も書き続けています。

もうなんとなくおわかりになってきたと思いますが、「努力をやめるノート」を書くことで、ムダな努力を直ちにやめて、一度きりのあなたの人生をもっと有意義に、最大限の自分を使って、望むものをすべて手に入れて生きられるということです。

意図に反してあなたの潜在能力のブレーキとなっていた「努力」をやめることと、あなたの本当に求めているものを明確にすることで、さらに潜在能力を活性化させられるからです。

言わば「努力をやめるノート」を書き始めるということは、ここからのあなたの人生が、「潜在能力の働きを止めていたブレーキを外し、同時にアクセルを目いっぱい踏み込んでいく」ことになるのです。

## ◉25年間のカウンセリング経験を活かしたシンプルな願望実現ノート

「努力をやめるノート」は、25年のカウンセリングを活かして、より効果が上がるように体系化、メソッド化されています。

このノートの考え方は、イメージングというメソッドがそのベースとなっています。イメージングは、成功者のカウンセリングから生まれた私のオリジナルメソッド。潜在能力を使って、幸せな人生をどう築いていくかというライフメソッドです。

私は、イメージングのメソッドを軸にして、多くの人たちの夢を叶えるお手伝いをしてきました。

本書の中ではこのノートを「エゴリスト」という名称で扱っています。「エゴ」とは、自我という意味です。普段はワガママな人や自己中心的な人を「エゴイスト」などと呼んだりして、あまり良いイメージではないかもしれません。

でも、私はあえてこの「エゴ」を名前に使いました。

その理由は、読み進めていくうちに明らかになっていくと思います。

あなたが本書をきっかけにこの「エゴリスト」を書き始めれば、仕事、お金はもちろんのこと、健康も、美容も、アンチエイジングも、恋愛も、その他あらゆることで、願いを叶えることができるでしょう。

1冊のユニークなノート。「エゴリスト」の極意をつかんで書いていけば、あなたの願望は叶います。**努力なく、苦痛なく、つまずきもなく、願望実現へといき着くことができる**のです。あなたが潜在能力を思い通りに使えるようになるためのノートです。

それほど絶大な効果が上がるにもかかわらず、誰でも今すぐ始められるほど、その中心となっている考えや仕組みは、本当にシンプルなものです。

**「3つの質問に対する答えを書く ↓ 月1回の行動分析」**。これだけで、すぐに行動できるようになりますし、決めた習慣も実行できるようになります。

自分の欲している本当の欲求を「エゴリスト」に書き続けるという小さな行動が、ここからのあなたの人生を大きく豊かにしていきます。

すでに多くの人が実践し、様々なたくさんの成果を出している「エゴリスト」を、ぜひあなたも活用してみてください。

ジョイ石井

## 本書の構成について

本書は、1、2章に、「なぜ、このノート（エゴリスト）を書くと目標が達成されるのか」ということについて説明しています。成果を出した人の実例もご紹介しているので、参考にしてみてください。

3章から6章には、エゴリストの書き方が紹介されています。目標設定、目標を1日単位の行動やマインドに落とし込む方法。より効果的にノートを活用するための一工夫について書きました。

7章では、自分の行動を分析する方法を書きました。この分析が、行動力、習慣化を強めます。エピローグでは、私のカウンセリングを受けずとも、イメージングを人生に取り込む方法をご紹介しました。

## 本書巻末ページにある<br>ダウンロード音源<br>イメージングメディテーションについて

本書の巻末のページに書かれているURL、またはQRコードから、私が作成したオリジナル音源イメージングメディテーションをダウンロードすることができます。

この音源を聴くことで、潜在意識に自分の理想のイメージをインプットして、あなた自身がまだ使ったことのない自分本来の能力を引き出すことができます。

「エゴリスト」を書き終えた後に、ソファなどでリラックスしながら聴いてみてください。

あなたの欲求を潜在意識に刻むことができるため、目標や夢の達成が早まります。

努力をやめるノート　目次

はじめに……2

# 第1章

## 目標達成に必要なのは「努力」ではなく自分の「本音」

【25年のカウンセリングから開発されたノートの威力】

〝ネガティブさを避ける〟ための願望は達成されない……20
エゴリストで「思考が現実化するまでの時差」に耐えられる……24
最強の自分が努力せずにつくられる……27
燃え尽き症候群から脱して海外で成功したKさん……30
リバウンドなしのダイエットに成功して美しくやせたYさん……34
起業のチャンスがどんどん舞い込んだ会社員のNさん……36

会社の都合より自分の本音に気づいて大躍進したTさん……40
才能のない人に成功はないのか？……43
♪潜在能力を引き出すイメージングメディテーションの音源について……48

# 第2章

## 自分を変える エゴリストとは？

### 【朝の習慣が、不安を消して願望実現の行動を生む】

1冊の大学ノートから始まった欲求欲望ノート……54
毎日素直に書くことで本音があぶり出される……59
〝一時的な欲〟と「根底にある欲」のパワーには大きな差がある……60
〝心の鳥肌〟は夢が叶うシグナル……64
妄想は現実逃避、イメージングは理想の未来をつくる……66

〝ごまかし〟〝先延ばし〟を防止する仕組み……68
達成のためにすべての意識と能力が集結する……70
「努力する」では一生初心者マークが外れない！……71
拒否権のない絶対命令が行動を生み出す……75
〝引き寄せ〟よりも先に、大事な「引き出し」で自分を変える……76
天才たちのように朝に書いてみよう……79
書いた通りになるから不安はいらない……81
潜在意識がロックオンすれば、必要な情報が集まってくる……83
どんなノートでもいいけれど、すてきだと思えるものを使おう……86

# 第3章
## エゴリストの基本ルール
### 【楽しいから毎日続ける】

ノートの初歩的ルール……92

書き間違え、誤字脱字は気にしなくていい……93
物欲も大歓迎！……95
〝期日を明確に〟より「なるはや！」が潜在意識を動かす……97
所有、動詞、存在がキーワード……99

# 第4章

# 100％ポジティブな自分をつくっておく

## 【ちょっとした下準備】

「自分に期待しなくなる」ことが一番もったいない……104
ゾーンに入る瞬間を意図的につくる……106
「なんでもできそう」「どうせ私なんて…」——選択は自分でできる……108
まずは成功グセをつける！「イェス！」は小さいほどいい！……111
成功者は幸せのハードルを限界まで下げていた……114

# 第5章

# 奇跡を起こす願望の書き方

## 【毎日3つのことを書くだけでいい】


不幸のハードルは〝越えられない高さ〟に設定する……116
マイナスイメージを受け流す超簡単なメソッド……118
「ごきげんな自分」でチャンスを引き込む……122
セルフイメージを高めてから〝あこがれ〟を探す……125
書くことは3つ……130
have　何が欲しい？……133
do　何がしたい？……142
be　どんな自分になりたい？……146
まんざらでもない期待感でイメージする「奇跡が起きちゃったりなんかしちゃって」……151

努力せずに「気づいたら自分が変わっていた」が理想……154

# 第6章

# 休日明けに「今週の活躍」をイメージする

## 【先延ばしをやめて、すべてがやりたいことになる】

「今週のメインイベントはいつ?」……160
ある意味〝無責任なイメージ〟で昨日を断ち切る……164
克服はNG! 苦手なことが得意に変わるタスクとご褒美のつなげ方……168
苦手意識を消し、先延ばしをやめるには?……171
セルフイメージを書き換えて苦手を減らし、得意を増やす……173
相手からのアポは自分のためのアポにする……175
潜在能力は、いつもあなたの願望を叶えたがっている……179
いいことも悪いことも、〝自分の受け取り方しだい〟だと知る……182

# 第7章

# 月一の行動分析でスムーズにやり抜く

## 【努力せずに行動力は強まる】

自分の行動を分析するための「チェック マイ エゴ」の力……186
統計で情報とチャンスを引き寄せる……187
登場する言葉をカウントすると本心がわかる……192
言葉がたまると、それは、行動に変わる。……196
成功の順番を決めつけていないか？……200
縦線を引くと「自分が欲していたこと」が見えてくる……204
上位の項目に対して3つの答えを用意する……209
反省はしてもいいけど1分まで！……212
「自分の時間」の使い方を4つのカテゴリーから分析する……214

## エピローグ

# イメージンガーとしての第一歩を踏み出そう

### 【イメージングで手に入れる本当の永遠の幸せ】


一度きりの人生を最大限の自分で生きる……220
いつも幸せなイメージンガーの1日……224
2つの時間を大切に過ごせばいい……230
あなたは愛されたい人から愛されていますか？……236



カバーデザイン　西垂水敦・市川さつき（ｋｒｒａｎ）
本文デザイン＋ＤＴＰ　佐藤千恵
素材提供：Patrizia magni, sinausabtu, Sm.Shakhov, Aleshin_Alekse /Shutterstock.com

# 第1章

# 目標達成に必要なのは「努力」ではなく自分の「本音」

## 25年のカウンセリングから開発されたノートの威力

## 〃ネガティブさを避ける〃ための願望は達成されない

あなたは、本当の自分の願望を知っていますか。

その願望を、本気で叶《かな》えたいと思っていますか。

その願望を実現するために、毎日の時間を使っていますか。

目の前のことに追われて、願望実現につながる行動をいつも後回しにしていませんか。

願望実現よりも、日々の疲れを癒《い》やしたり、ストレスの発散に、貴重な自分の時間を使ってしまっていませんか。

もしもそうだとしたら、あなたの願望は果たして本物の願望なのでしょうか。

「エゴリスト」は、夢を実現するために潜在能力を活性化させる最強のアイテムです。

多くの自己啓発法で〃願望を書き出してリスト化する〃ことをすすめています。

しかし、実際には書き出しただけでは、それらの願望が実現されることはありません。

なぜなら、**ただ書き出すだけでは潜在能力が働かないから**です。

私が本書でご紹介する「エゴリスト」は、今あなたが抱いている願望をただ書き出すというものではありません。

あなたの潜在意識を覚醒《かくせい》させて、**すべての夢を叶えていくには、「エゴリスト」を通じて、あなたの本音の欲求、本当の願望を明確にしていく必要があるのです。**

たとえば、「お金持ちになりたい」という願望をあなたが抱いているとします。

しかし、それは果たして、〝本当に〟〝本音の〟〝本気の〟願望なのでしょうか。

「月末が近づくと、残金の不安にさいなまれる」

「できれば、今の経済的な心配や不安から解放されたいと思っている」

「なんとなくお金持ちを目指していたほうが、前向きで、みんなと共通の意識を持てる」

もしかしたら、あなたは単に現状が芳《かんば》しくないから、このような理由で、「お金持ちになりたい」と願っているのではないでしょうか。

結局は、本気でお金持ちになりたいと願っているのではなく、「貧乏な人生は嫌だ」と思っているだけで、「もしもできることなら、お金持ちになりたいな」というのが本音のところなのではないでしょうか。

こういう人が「願望を書き出すと実現する」という成功法則を真に受けて、「お金持ちになりたい」とノートにリストアップしても効果はありません。

それを書き出すときは、「自分は貧乏なのだから、早くこのつらい現状から脱したい」というイメージを浮かべてしまっていることが多いからです。

この場合、**「お金持ちのリアルなイメージ」よりも、「今の生活が大変、仕事が嫌だ、今以上に稼ぐのは難しい」といったマイナスのイメージを、具体的に想《おも》い浮かべてしまっています。**

潜在意識には、〝感情のともなったイメージをより強烈に受け取る〟という性質があります。

これをイメージングのメソッドでは、「ドキドキの法則」と呼びますが、この法則をあらためてしっかりと捉え直してみると……。

一見、「お金持ちになりたい」という前向きなイメージをしていると思っていた自分が、実は「生活が苦しい」「貧乏だ」というイメージを〝嫌だ〟という強い感情で後押ししながら、潜在意識に刻み込んでしまっているのです。

そうしたマイナスのイメージが強烈に潜在意識に伝わってしまうために、皮肉なことに現状維持のために潜在能力を活用してしまっている人がほとんどなのです。

「エゴリスト」は、そうした問題をすべて解消します。

意識には、潜在意識と顕在意識の2つがあると言われています。私たちが意識して使っている顕在意識はわずか4％で、無意識という別名のある潜在意識のほうは96％とも言われ、ほとんど使われることなく私たちの心の深層に潜んでいると言われています。

つまり、意識的に努力することで可能なことは、残念ながらとても限られているのです。もしも私たちが、潜在意識を意識的に使うことができれば、今までの努力をはるかに超えた力を潜在能力から引き出して、あらゆることが可能になるのです。

実は、今までのその努力が、潜在能力を引き出すことのブレーキとなっていた可能性があります。それこそが、本書「努力をやめる」というタイトルにつながっています。そのあたりの詳しい説明は、これから読み進めていくにしたがってあなたにも明らかになっていきます。

私のカウンセリングは、潜在意識が活性化し、それまで眠っていた潜在能力を引き出すことで、必ず望みは叶うということを前提に行ない、多くの人たちの願望実現という成果を出してきました。

そして、誰ひとりとして、この前提が当てはまらなかった人はいないのです。

# エゴリストで「思考が現実化するまでの時差」に耐えられる

「エゴリスト」を書けば書くほど、あなたは自分の本音に気づくことになります。

自分の本当の欲求が明確になり、本当の願望があぶり出されれば、あなたは無理なく本気で行動できるようになります。

あなたの本気とあなたの潜在意識が二人三脚を組めば、夢は叶ったも同然です。

なぜなら、〝嫌だ〟という感情ではなく、「ワクワク感」のともなったイメージが潜在意識に届き、潜在能力が力を発揮し始めるからです。

「エゴリスト」は、あなたを情熱的にしてくれます。自分の本音の願望を抱けるようになるからです。毎日「エゴリスト」を書いていると、さらに本音の願望に磨きがかかります。

よく言われている「願望のイメージはより具体的なほうがいい」というのは間違い

ではありませんが、**そこにだけフォーカスしてしまうと、かえって潜在能力は働かなくなります。**

本気の情熱がまだ沸点に達していないうちから、自分の願望をよりリアルに、より具体的にしようとすると、現実的でおもしろ味のない小さなイメージになってしまうからです。

具体的にすればするほど、かえって情熱もわかなくなり、イメージが一気にしぼんでしまうのです。

「イメージが具体的であるほど願望は実現する」という鉄則は、「エゴリスト」であなたの情熱を高めていけば、自然にクリアできてしまうのです。

最初はボンヤリ漠然としていた欲求が、毎日の「エゴリスト」で盛り上がっていくと、あなたのもとにそれに関連した情報がどんどん引き寄せられてきます。

そうした情報が集まれば集まるほど、あなたの抱くイメージもより細かく具体的になっていくのです。

そして、その具体的なイメージで、あなたの情熱もさらに強まって、願望の実現を熱望するようになっていくでしょう。

そうなると、日常がどれだけ大変でも、あなたは大変さの向こう側に、「楽しみでしかたがない、すばらしい未来が待っている」ことを感じながら毎日を過ごしていけるのです。

理想の未来をイメージしてから、それが現実となるまでには当然多少の時間がかかります。**潜在意識が願望実現してくれるまでには“時差”があるのです。**

夢を叶えるためだけに単純に願望をリストアップしている人は、この時差を待つことができません。偽りとは言いませんが、本音の願望ではないことをいくらリスト化しても、それが現実化するまでを楽しみに待つ情熱が不足するからです。

「エゴリスト」は、願望に磨きをかけていきます。ですから、その願望実現に対する情熱がわき出し、ワクワクしながら時差を待てる十分な熱量を保てます。

潜在意識が反応するまでの時差を待つことができれば、願望実現の可能性は飛躍的に高まります。

何より潜在能力が覚醒して、チャンスが訪れたり、ポジティブな変化が表れてきたりすることを、一つひとつ感動しながら楽しむことができるのです。

理想ではあるけれど、情熱的ではない願望を持つと、叶うか叶わないかにばかり意識が向いてしまい、イメージと現実のギャップが埋まらないことに落ち込んで、やる気も行動力も低下し、時差を待つこともできなくなってしまうのです。

# 最強の自分が努力せずにつくられる

私は25年以上、潜在能力を活用できるイメージングメディテーションを軸としたカウンセリングを仕事にしてきました。

イメージングメディテーションは、瞑想《めいそう》と思っていただいていいでしょう。しかし、他の瞑想と大きく違うのは、無の境地を目指すものではなく、潜在能力を活性化させて可能性を引き出すもの。つまり、無ではなく有を生み出す瞑想です。

イメージングメディテーションで潜在能力を引き出すためにも、一番肝心なことは、自分の本当の欲求を明確にしていくことです。

これが潜在能力の活性に最短でアプローチできる流れをつくります。

本当の欲求が明確になってはじめて、潜在能力も本領を発揮し、あなたの願望実現のために働くことができるのです。

私のカウンセリングでは、最初の40分ほどをクライアントの本音の願望を引き出すことに費やします。長年コンスタントにお会いしているクライアントでさえ、**仕事の**

**ストレスや、世の中の情報過多のせいで、自分の本当の欲求が見えづらくなっていることが多くあります。**

しかも、それが自分の本音の願望ではないことに、当の本人も気づいていない場合がほとんどです。

だからこそ、自分の本音に気づけるカウンセリングが必要とされるのです。

たいていは途中で「あれ、本当はこんなふうに思っていたんだ」と、気づかれます。

その後は、そのイメージをどんどん広げていき、現状ではそれ以上のワクワクするイメージはわいてこないというところまで昇華させて、そこから本当の願望イメージを潜在意識に届けていきます。

イメージングメディテーションで、潜在意識にインプットしてしまうのです。このイメージングメディテーションこそが、私のカウンセリングの最大の特徴であり、一番の魅力であると自負しています。本書は、それが自分ひとりでできるように工夫しています。

なんとなくイメージを浮かべて、「こうなったらいいな」と夢想するレベルをはるかに超えて、潜在意識に直接アプローチできるのです。

「エゴリスト」とイメージングメディテーションのおかげで、クライアントのみなさんはこれまでたくさんの願望を実現してきました。もちろん、ご本人の意識やスキルや人脈や情熱の強さが、願望実現の一番の理由です。

しかし、どんなにポテンシャルが高くても、間違った成功法則を使い、本音ではない願望をかかげて潜在意識を敵に回してしまっていたら、きっとこうまで多くの願望が叶ってはいなかったはずです。

実際に、クライアントのみなさんからもそのような言葉をよくいただきます。

「『エゴリスト』とイメージングメディテーションをしていなかったら、狙った願望を順調に、そして、パーフェクトには叶えられていなかったと思う」

「今まで何度となく潜在能力が逆のベクトルで働いてしまって、自分の足を引っ張られてきたけれど、イメージングを取り入れてからは、そうした混乱は皆無になった」

論より証拠、以下に何人かの成功例を挙げます。私のカウンセリングのクライアントか、イメージングのメソッドを習得できるイメージングアカデミーに参加された人たちの実話です。

# 燃え尽き症候群から脱して海外で成功したKさん

ある上場会社の社長Kさんは、燃え尽き症候群になり、悩みを抱えて私のカウンセリングにいらっしゃいました。数年前に会社を上場させ、資産も10億円を超えて安定した人生を手に入れていたにもかかわらずです。

起業したての頃の、情熱に満ちて行動していた自分が恋しくてたまらないのだと。もう二度とあのときの自分にはなれないと、大げさではなく絶望していたのです。

こうなったら全資産を手放して裸一貫でやり直すしかない、とそこまでKさんは思いつめていました。

そんなKさんに、私は「エゴリスト」をすすめました。すでにゼロからスタートして、自分の会社を上場までさせたKさんですので、潜在意識の感度の良さは実証済みです。

成功によっていろいろなものを手に入れてしまったKさんだからこそ、「もうこれ以上の願望が自分にはないのではないかと」思い込んでいると私は感じたのです。

最初Kさんは、私の提案に懐疑《かいぎ》的でした。心によぎる欲求を書き出していくだけで、状況が良くなるのか信じられなかったからです。

「エゴリスト」を書き始めるためのモチベーションが上がらないとおっしゃるので、私は試しに万年筆を使って書いてみてはとすすめました。

私の思惑通りKさんは万年筆で書く「エゴリスト」に見事ハマってくれました。今までにない万年筆の感覚を楽しみながら前のめりで「エゴリスト」を書き始めたのです。

少ししてから読み返してみると、「こうあるべき」「こうすべき」という自分ばかりがページに並んでいて、どれだけ自分が体裁に気をとられていたかに気づいたと言います。最初のうちは、頭で考えた願望を書いていたのでしょう。

体裁なんてまるで気にしないで会社を大きくするために、自分の才覚だけを信じてがむしゃらに前進してきたことを、Kさんは「エゴリスト」で思い出しました。

Kさんにエンジンがかかります。心によぎる自分の気持ちに意識を向けるよう徹底的に「エゴリスト」と向き合うようになったのです。どう書くべきかなどあまり気にせずに、とにかくどんどん万年筆で書いていきました。

ペン先にかかる微妙な筆圧で、文字の太さがいろいろと変わって、それがそのまま自分の気持ちの変化なのだと少し経ってから気づいたそうです。

「海外をまたにかけて自分が動くビジネスがしたい」という欲求が心をよぎったのは、それからまもなくでした。

海外なんてそれまで一度も考えたことがなく、自分でも意外だったけれど、とにかく「エゴリスト」に書いてみました。

Kさんは、濃紺のインクで書かれた自分の欲求をあらためて眺めます。燃え尽きてしまったはずのKさんの心が、久しぶりに震えました。

再び火がついた瞬間でした。ワクワクとともに、そこから広がるイメージをKさんはどんどん書き出していったのです。

キャスター付きのスーツケースを引きながら、外国の税関を通過していく自分自身がKさんのイメージの中に見えました。毎朝、夢中でKさんは「エゴリスト」にそのイメージを書き続けました。

「ビジネスで海外をまたにかけて活躍している自分」というイメージは同じですが、日ごとにそのイメージが具体的になっていき、でも、現実に縛られることもなくどんどん飛躍したイメージになっていきました。

イメージは自由だからこそ、未来を創るツールとして価値があります。**現実的に可能かどうかなど一切気にせず、何よりも自分の本音の欲求と向き合うことが、「エゴリ**

**スト」の一番重要なポイント**です。

Kさんが本格的に「エゴリスト」を書き始めてから2週間が経ったある日、久しぶりにある知人から連絡がありました。「自分の会社を売りたいのだけど、誰か心当たりはないだろうか」という相談です。将来的に海外展開していけるであろう美容サロンの会社でした。

直感で「これだ！」とKさんは思い、「私ではダメかな」と思い切って聞いてみたのです。これ以上ない好条件で、その会社がKさんの手に入りました。

Kさんは、そこから一気に海外展開のために動きました。久しぶりに高揚感で満たされ、気力十分なKさんの潜在能力もそのイメージに反応して動きました。香港、台湾、シンガポールとあっという間にサロンを広げていったのです。

そして、Kさんは気づきました。今の自分は、まさに細部に至るまで「エゴリスト」に書いていた通りの自分なのだと。

キャスター付きのスーツケースを引きながら、外国の税関を通り、現地スタッフたちに出迎えられながら、迎えの車に颯爽《さっそう》と乗り込んでいく自分の姿がそこにはあったのです。

# リバウンドなしのダイエットに成功して美しくやせたYさん

Yさんはありとあらゆるダイエットを試し、その度に数キロやせては、自分を甘やかし、リバウンドで元の体重よりも太ってしまうということを繰り返していました。ダイエットというよりも、その挫折による自己否定で心がまいってしまい、私のところに相談に来たのです。

Yさんにも「エゴリスト」をすすめました。イメージングはダイエットにも絶大な効果があります。でも、必ずイメージングダイエットの前に「エゴリスト」でしっかりと自分の本音の欲求をつかむことが大事です。

太っているからダイエットをしたいと思ったのはキッカケであり、大切なのは「どんなプロポーションの自分を目指すのか」という理想のイメージです。その理想を見つけるためには「エゴリスト」が最も効果的なのです。

さっそくYさんは、「エゴリスト」で心によぎる自分の本音と向き合いました。今までは、「太っているからやせたい」という思いだけでダイエットに挑戦していました。

目指している体型のイメージがいまひとつあいまいなままだということに、カウンセリングで初めて気づきます。

「とにかくやせればいい」と思っていただけのダイエットと、「こんなプロポーションになりたい」「あんな水着を着てみたい」と明確な目標があってのダイエットでは、潜在意識へ伝わるイメージがまるで違います。

**「エゴリスト」で自分の本当に求めている理想が明確になったYさんのダイエットは、みるみるうちに効果が出てきました。**どんどん体重が落ちていったのです。1カ月で8キロの減量に成功しました。

しかも、今までのダイエットと明らかに違うのは、ただ体重が減ったのではなく、体型もどんどん理想に近づいていったのです。これには本人も驚いていました。

「今までも減量には何度も成功してきたけど、肝心な部分の脂肪がいつまでも残ってしまったり、食事制限で肌がカサカサになってしまったりして、マイナス要素もありました。

今回は、やせたい部分を中心にしっかり引き締まりました。くびれがはっきりわかるくらい効果が出たのは初めてです。肌のツヤも前よりいい感じで、本当に驚いていています」

潜在意識への指示が明確になれば、ダイエットもよりスムーズに、より効果的に結果を出すことができます。

それから2年ほど経ちましたが、Yさんにリバウンドは起こっていません。

肌の状態も良好で、表情も明るくなって職場での人気も上々とのことです。

イメージングで理想のプロポーションを手に入れると、体型の効果だけでなく、自分に自信がつくので、他のいろいろなことがうまくいき始めるのも、大きな特徴です。

## 起業のチャンスがどんどん舞い込んだ会社員のNさん

会社員のNさんは、それまで様々な自己啓発セミナーを受けてきましたが、モチベーションが上がるのはいつもそのときだけです。

「頑張らずに成功できないかなぁ」と、ぼやいては周りにあきれられるNさん。

夢は「起業して成功する」ことでした。起業して自分が社長になれば働かなくても給料がもらえるというのが、Nさんの脱サラの理由です。

実はそのとき、Nさんは勤めていた会社の待遇や自分への評価が悪く、働くことに心身ともに疲弊していたのです。

思い切って会社を辞め念願の起業をしたのは良かったのですが、そう簡単には仕事も取れていませんでした。

途方にくれたNさんは、最後の頼みとして私の主宰するイメージングアカデミーに参加したのです。

努力をやめて成功するノートとして「エゴリスト」のことを知ったNさんは、さっそく「エゴリスト」を書き始めました。

「エゴリスト」のページの真ん中に「起業して社長になる」と書いてから、Nさんは目を閉じてイメージします。

「資金提供してくれる人が現れる」「オフィスを貸してくれるような不動産を持っている人とつながる」「顧客を紹介してくれる人が見つかる」「よく働く従業員」。

それらのイメージをするたびに、Nさんはニンマリ。

ところが、イメージは良い感じで広がっているのだけど、実際のチャンスはあいかわらずやってきません。

なぜなら、Nさんのイメージは、願望のゴールではなく、そこまでに必要な過程のイメージだったからです。

潜在意識は理想のイメージをもらえれば、そのゴールに向けて必要なチャンスを確実に引き寄せてきます。

でも、Nさんのように、自分でそのチャンスを限定してしまうと、潜在意識は反応しないのです。

働くことに疲れていたNさんが期待しているチャンスは、すべて他人任せのもの。

自分は動きたくないのです。

Nさんのイメージは、都合良く、他人が動いてくれるのを待っているイメージばかり。

**自分が主体となるようなチャンスのイメージこそが、潜在能力を引き出すことができます。**

「起業への情熱の熱さで、どんな相手もスポンサーにしてしまう自分」
「必ず最高の場所に最高の条件で最高のオフィスを構えている自分」
「自分が動けば動くほど、顧客がどんどん増えていく」

自分を軸にしたイメージこそが、潜在意識を刺激します。Nさんが期待しているような、夢みたいなことを引き寄せてくる可能性も十分にあります。

しかし、それを最初からアテにしてしまうご都合主義のイメージでは、潜在意識も手を貸してはくれないのです。

アカデミーでそのことを知ったNさんは、仕切り直して「エゴリスト」を書き始めました。すると、それから2週間で最初の顧客とめでたく契約を結んだのです。

その後も結果をどんどん出し続けました。そして、新しい顧客のうちのひとりから、「ビルのワンフロアを借りているのだけど、広すぎるからシェアしないか」というオファーをもらったのです。

いつの間にかNさんから無理に嫌々努力している感覚がなくなり、働くことが楽しいと感じるようになっていました。

「エゴリスト」には自分を軸としたイメージを書いていきましょう。

この願望にはこんなチャンスが来るぞと、あなたの常識でチャンスを限定するのも絶対にやめましょう。

潜在意識は、もっと広い範囲からあなたの願望実現のためのチャンスを引き寄せてくるのですから。

# 会社の都合より自分の本音に気づいて大躍進したTさん

ある年の初めに大企業の社長Tさんは、「エゴリスト」に、その年の会社の方向性として最も大切なキーワードとなる「進」を書きました。

「進化していきたい」「前進あるのみの1年」「いつも進歩していきたい」、そんな想いで「エゴリスト」を書いたのです。

これでまた会社はどんどん前進していくだろうと、楽しみにして書き続けました。ところが数カ月してお会いしたときに、Tさんは少し困り顔でこうおっしゃいました。

「最近パッとしないんだ。自分だけが前進していこうとしているだけで、社員が全然僕について来てくれない。みんなのモチベーションが低くて嫌になるよ」

いつも前向きなTさんにはめずらしい弱音でした。こんなときこそ、原点回帰です。「エゴリスト」をチェックしましょうと提案しました。「エゴリスト」歴の長いTさんですから、私はあまり心配していませんでした。

しかし、そんなTさんでも、思い込みで「エゴリスト」を書いているとしたら、潜在能力の働きも低下してしまいます。

次の週にお会いしたTさんはこう言いました。

「救われたよ。『エゴリスト』で間違いが見つかったんだ。僕の今年の一文字『進』が違っていたんだよ。会社の方向性に合わせて、決めてしまっていた。僕がワクワクするイメージは他にあったんだ」

**「エゴリスト」を使うことに慣れているTさんは、自分の間違いを見つけ、すでに軌道修正まで終わっていました。**

「この1週間、心を真っ白にしてイメージングメディテーションと『エゴリスト』を書いていたよ。どんな自分がワクワクするか。そうしたらね『大』の字が出てきたんだ。すべてを覆ってしまえる『大』。

社員が動いてくれないからとグチっていた自分のなんと小さいことか。そんなちっぽけな自分じゃ、この先何をやってもうまくなんかいかないね。いやいや、なんともお恥ずかしい」

そう言っているTさんは、姿勢良く胸を張ってもう完全に自信を取り戻していました。「エゴリスト」で自分のあり方や目標や願望が明確になれば、もうあとは潜在意識とともに突き進むだけです。

そこからのTさんをリーダーとした会社は大躍進でした。結果的にTさんから迷いがなくなったことで、全社員も一丸となって業績を上げていったのでした。

ここで紹介した「エゴリスト」の成果は実際の話です。そして、私が知っている実例のほんの一部です。ここからは、本書を通じてあなたにも「エゴリスト」の威力を実感してもらいます。

あなたが「エゴリスト」を今から書き始めると思うと、私は心の底からワクワクします。なぜなら、ここからあなたの人生が大きく変わることを私は知っているからです。

全国の何千何万の、そのように変わった人たちを私は見てきたのです。

そして、私自身も「エゴリスト」のおかげで本当の自分の欲求と向き合うことができ、その結果、大切な一度の人生をより有意義に、自分の本音と本気が指さす方向へと迷うことなく歩んでいけるようになりました。

絶対の自信を持ってあなたに本書を捧げます。有限の人生で無限の可能性を持った自分を最大限活かして、心からの幸せを味わいましょう。

# 才能のない人に成功はないのか？

成功願望を抱くとその通りになる。多くの成功メソッド本や自己啓発がそう謳《うた》っています。成功した自分をイメージの中で先取りしておくと、それを潜在意識が現実化してくれる。だから、未来の自分の理想像は、リアルに細かくイメージするほうがいいとも言われます。

確かに多くの成功者たちの話を聞くと、そのようなイメージを抱いていたのは事実です。ですから、成功するためのイメージ法は、一見正しいように思えます。

しかし、そうしたわかりやすい成功法が世の中にはあふれているのに、実際に夢を叶えて成功している人が少ないのはなぜなのでしょう。

結局は、才能がなければ、夢は実現しないのでしょうか。

だとすれば、世の中に出ている成功メソッドは、もともと成功する要素のあるレベルの高い人の後押しをするくらいの役割しかないことになります。それ以外の人たちは、どんなイメージ法を取り入れても夢を叶えるには難しいのでしょうか。

いいえ、それは違います。25年間カウンセラーを務めてきて私は断言します。すべての人に、自分の夢を叶えるための力があります。しかし、よく言われるイメージ法では、誰もが成功できるというには決定的に欠けているものがあるのです。それを本書はすべて解き明かし、あなたに提供します。

本書は新たな自己啓発本ではありません。本書は、成功するためのイメージ法を教えることがゴールではなく、本当の幸せを手に入れるためのライフメソッドをあなたに提案するものです。

**自己啓発は、真の幸せを得るためのずっと手前にあるステップのひとつに過ぎないのです。**本書に書いてあることを実践すれば、あなたのイメージは潜在能力を引き出し、願望実現できるでしょう。お金持ちになることが望みなら、そのようにもなるでしょう。

でも、待ってください。お金持ちや、会社の成功や、大富豪との結婚が、そのまま万人にとっての人生の幸せとは限りません。「勝ち組、負け組」などという世の中で一時的に流行った価値観などに振り回されて一喜一憂していては、幸せにはなれないのです。

そもそも幸せとは、勝ちでも負けでもなく、つかみ取る何かでもありません。幸せとは、ある満たされた精神の状態なのです。

カウンセリングという仕事を通して私はクライアントとともに「どうすれば幸せになれるのか」という人生の最重要テーマを追究してきました。

地球上に生きる私たちの誰もが、みんな幸せになるために生まれ、幸せになるために日々を生きているのです。

何が一体自分にとっての幸せなのか。これこそ、潜在能力を活用するために、しっかりと考えてみなければならないのです。会社を大きくすれば幸せになれるわけではありません。

もしかしたら、1日中、大好きな猫たちと、まったり日向ぼっこをしてのんびり過ごすことが幸せかもしれません。

つまり、実業家としての成功も、猫たちとのまったり人生も、どちらも幸せかもしれませんし、また、幸せでないかもしれないのです。

すべては、あなたが心の底から本当にそれを求めているかどうかにかかっています。

幸せとは、あなたが本当に求めている自分になって生きることです。

その本当に求めている未来の自分像を明確にしていくために、「エゴリスト」が必要となります。

「ただ楽に生きていきたい」という願望があったとしたら、それが本音の願望でなければ、幸せにはなれないのです。

その願望の出どころが、現状がきついゆえに、そんな毎日から逃れたいのだとすると、潜在能力を引き出す原動力にはなりません。

今が大変だから楽に生きたいという願望は、今という現状の反対を求めているに過ぎないのです。

絶対に手に入れたいあこがれというよりも、**しんどい現実から解放されたいと願っているだけでは、かえって不幸を引き寄せてしまう**ということを知ってください。

「エゴリスト」で、本気になれる自分の本音をつかむことが幸せになるための絶対に必要な第一歩です。この第一歩を間違えてしまうと、その先の人生のすべてが間違ったものになってしまいます。

そうなると、お金が手に入ろうが、めでたくパートナーができようが、猫とまったりの毎日を過ごそうが、実際には思ったほどの幸せや満足感を味わうことができなくなってしまいます。

お金持ちになったのはいいけれど、かえって不幸になってしまう人が世の中に多いのは、この第一歩を間違えているからなのです。

「エゴリスト」とは、私が世の中に提唱しているイメージングというライフメソッドの中の最重要アイテムのひとつ「イメージングノート」の要《かなめ》となるページのことです。

私のカウンセリングのクライアントが、次々と夢を叶えて豊かな人生を歩まれているのも、この「エゴリスト」がベースにあります。

「エゴリスト」は、あなたの心の中にある本音の欲求、本当の夢を明確にします。自分が本当に求めているものだからこそ、あなたは本気で取り組めるのです。

本気の情熱がわくからこそ、努力という意識などないまま潜在能力も大いに発揮されて、一見不可能に思えるような夢さえも実現可能となるのです。

## 潜在能力を引き出すイメージングメディテーションの音源について

### エゴリストノートと合わせて使うことでより目標達成が可能になる音源

本文中、すでに何度となく出てきているイメージングメディテーション。

瞑想をイメージする人もいるかもしれませんが、イメージングメディテーションは、それとは少し異なります。

瞑想とは、いわゆる無の境地に入っていくためのプロセスですが、イメージングメディテーションはその真逆です。潜在能力という可能性を引き出すもので、言ってしまえば、無ではなく、有を生み出すものなのです。

イメージングメディテーションは、潜在意識に理想のイメージを直接インプットできます。

私の25年間のカウンセリングでは、このイメージングメディテーションをクライアントに行なってきました。

各業界のそうそうたる人たちが、例外なくイメージングメディテーションで、さらなる自己開発をし、いくつもの願望を叶えてきたのです。

イメージングメディテーションで様々な成果を上げているのは、カウンセリングのクライアントだけではありません。

イメージングメディテーションは、現在ＣＤで一般の人にも手に入るようになりました。

私の事務局には、毎日のようにイメージングメディテーション効果の喜びの声が全国から寄せられています。

仕事、勉強、お金、人間関係などにおいて、あなたの能力を引き出して成果を出します。

本書を手にしてくださっているあなたには、本書のために特別に制作したオリジナルのイメージングメディテーション音源をプレゼントします。巻末のページからダウンロードしてお聴きください。

イメージングは、本当に自分のやりたいことを見つけるための「エゴリスト」と、そのやりたいことを可能にしてくれる潜在能力の力を引き出すイメージングメディテーションの2つがそろったときに、最大の効果を発揮します。あなたもさっそくイメージングメディテーションを聴き始めてください。

## 聴き方のポイント1
### 気が散らない場所で聴く

聴き方のいくつかのポイントをお伝えします。

イメージングメディテーションは、リラクゼーション効果がとても高く、メディテーション中に眠ってしまう人もいます。厳密に言うと、実際には眠ってしまっているわけではないのですが。

イメージングメディテーションのCDを被験者に聴かせて、脳波を測定した実験データがあります。通常では眠りについてから90分程度で出るといわれるデルタ波が、CDを聴き始めて11分で測定されました。眠っているのと近いくらい深くリラックスしているということです。

潜在意識へのイメージのインプットは、リラックスしているときが一番効果的です。

潜在意識が反応し潜在能力を引き出すアウトプットは、適度な緊張感があるときです。

緊張感というのは、私たちにとってとても大切な状態だと言えます。

「自分はすぐ緊張してしまって、いつもうまくできない」という悩みを抱えている人がいますが、それは間違ったマイナスの思い込みです。

実は、緊張感があるときが、私たちは勝負に出られるのです。昔から言われている「火事場の馬鹿力」というのは、潜在能力が発揮されることを示している言葉です。

いざというとき、勝負のとき、臨戦態勢に入ったとき、私たちの潜在能力からは信じられない力が発揮されるのです。

そうした潜在能力を引き出すための指示を与えるのが、イメージングメディテーションです。

まず深いリラクゼーションの状態をあなたに与えます。

潜在意識への指示内容は、あなたがこれから書いていく「エゴリスト」で明確になっていく本当の願望となります。

ゆったりと深くリラックスすることが重要なので、聴いているときは気が散らないような環境を整えましょう。

スマホの音を消したり、ヘッドフォンやイヤフォンで外界をできる限り遮断して、数分間はイメージングの世界に浸れるようにしてください。

朝のうちに聴くことで、その日1日のエネルギーも満たされます。そして、1日の終わりに聴くことで、その日の疲れも癒やされます。

深いリラクゼーション効果があるので、車の運転中などはあまり聴かないほうがいい場合がありますので、注意してください。

## 聴き方のポイント2 雑念がわいても聴き流す

イメージングメディテーションを聴いていて、雑念ばかりが心によぎってしまって、うまく集中できない。

これでは効果も期待できない。どうしたらいいでしょうか、と心配される人が時々います。

私は雑念のない人にお会いしたことなどありません。そもそも雑念というものは存在しないと思っています。

あなたの心によぎる想いやイメージに、雑なものなどないのです。

確かにイメージングメディテーションの内容とは違うイメージが浮かぶかもしれませんが、あなたにとって全く関係のないイメージなどはよぎらないはずです。

雑草なんていう草花に対する呼び方がありますが、それは私たちがその草花の名前を知らないだけで、その草花からしてみたら、雑草だなんて失礼な話なのです。

あなたの心によぎるものは、何ひとつ雑念ではないと思ってください。イメージングメディテーション中に、他のことを考えてしまったとしても、それで効果が薄れてしまうなどと勝手な判断はしないでください。

そうした判断こそがマイナスイメージとなって、イメージングの効果を実際に下げてしまいかねないのです。

メディテーション中に、あなたの心に何がよぎろうと、何を考えようと、心配はいりません。あなたが意識しているその意識下にある潜在意識が、しっかりと聴いてくれているので安心してください。

## 聴き方のポイント3
## 最初の2週間は1日に2回聴く

イメージングメディテーションの音声は、1日に何度でも繰り返し聴いてください。特に聴き始めて最初の2週間くらいは、毎日最低2回ほど聴くことをおすすめします。聴くたびに、あなたとあなたの潜在意識とのつながりが強くなっていく大事な期間です。

毎朝「エゴリスト」を書き終えた直後が一番効果的です。心によぎった欲求を書き出し一息ついたときに、さっそく聴いてください。

今、書いたあなたの欲求を、ワクワクの鮮度の高いうちに、あなたの潜在意識へとインプットできます。

聴くときは、ゆったりとソファに座るなどして、リラックスして聴いてください。メガネや腕時計なども外したほうがいいでしょう。

目を閉じて私の語りかけによる誘導に合わせて深呼吸から始めていきます。途中で眠ってしまったとしても、効果が全くなくなってしまうということはありませんが、最初のうちは一通り最後まで聴くように意識してみてください。

慣れてきたら、散歩をしながら聴くのもいいでしょう。繰り返しますが、初めの２週間は毎日２回以上、できるだけ環境も整えて丁寧に聴くようにしてください。

さあ、さっそくダウンロードして、本書のためのオリジナルイメージングメディテーションを手に入れましょう。イメージングメディテーションをあなたの毎日の生活習慣にしてください。

聴き続けて、潜在能力をあなたの味方につけましょう。

潜在能力はあなたからの声がかかるのを、ずっと昔から待っていたのです。潜在能力を最大限引き出して、あなたの本当の願望を叶えましょう。

# 第2章

# 自分を変えるエゴリストとは?

## 朝の習慣が、
## 不安を消して願望実現の行動を生む

# 1冊の大学ノートから始まった欲求欲望ノート

「エゴリスト」は、私がカウンセラーとしてのキャリアをスタートしたばかりの、まだクライアントがひとりしかいなかった頃、あり余る時間をつぶすために書いていた1冊の大学ノートが始まりでした。

当時、ニューヨークでセラピストのプロライセンスを取得して帰国したばかりの私は、知人の紹介でひとりのクライアントをようやく受け持っただけでした。カウンセリングは、1週間に1時間のみ。あとの時間は丸々空いていたのです。

どうしたらお金をあまり使わずに時間をつぶせるだろうかと考えて、家の近くのコーヒーショップで、自分の心によぎるこれからの人生や、様々なイメージや想いなどを、全く飾《かざ》り気のない文房具に徹したグレーの大学ノートにつづるようになったのです。来る日も来る日も私は、そんな毎日を過ごしていました。

**自分の想いを書き出していくことが、意外におもしろかったので苦にはなりませんでした。**数日経ってノートを見直してみると、ただの落書き帳だった最初の数ページから、少しずつ内容に統一感が出ていました。

「あれをしてみたい」「これが欲しい」「こんな自分になりたい」、そういう書き方がどんどん目立ってきました。

数週間経ったある日のこと、たまたまそのコーヒーショップに知人が入ってきました。生まれ育った地元の先輩です。

地元にはほとんど戻っていなかった私にとって、その先輩とは久しぶりの再会でした。しばらくなつかしい話で盛り上がっていると、先輩が私の前に置いてあるノートに興味を持ちました。

「何を書いているの？」

私は思わず、「今後の事業計画みたいなものです」と答えました。

「ちょっと見せてよ」と、半ば強制的に先輩は私の大学ノートをパラパラとめくり始めました。企業コンサルタントをしているとのことで、事業計画書などは見慣れているというのです。

「なんだ、これ？　事業計画なんてどこにも書いてないじゃないか」

そう言われて私はちょっとムッとしました。私としてはコンサルを頼んだわけでもなかったですし、大きなお世話だと内心思っていました。

「だとしたら、なんですか？　そのノートは？」と、私は自分で書いていたにもかかわらず聞いてみました。

コンサルの先輩はあらためてノートをめくりながら少し考えていました。

「これが欲しいだの、あれをしたいだのと……、そうだな、欲求欲望ノートだよ、これは」

その指摘に、「なるほど」と私は妙に納得してしまいました。

さすがコンサルタントだ、と感心したのです。その先輩が店を出て行った後、私は大学ノートの表紙にマジックで『エゴノート』とタイトルを入れました。

私自身あらためて、そのノートを見返してみると、確かに先輩の言う通りです。そこには、私の願望欲求が脈略なく書き連ねてありました。

週に1時間しか働いていない、稼ぎもほとんどない自分だけど、近いうちに、こんなふうに活躍している自分だぞ。

こんなものを手に入れてるぞ、前からやりたかったアウトドアも楽しんじゃったりして。子どもの頃からあこがれていたピアノも弾けるようになりたい、大きな犬も飼いたい。

そんな自分の欲求ばかりが書かれていました。確かに、事業計画なんてどこにも書いてはいない。これを企業コンサルの先輩が見たのだから、あきれたのは当然です。

でも、**実際には、このノートが私にとって事業計画以上の結果をもたらすことになったのです。**

確かにそこには、カウンセラーとしてのビジネス展開や、カウンセリング事業拡大のためにすべきことなどは、一切書いてありません。そもそもそんなノウハウなど知らない私です。先輩のおっしゃる通り、まさに欲求欲望ノートです。

しかし、私のカウンセリングは、そこからどんどん広がっていったのです。おかげさまで私のクライアントは、カウンセリングのリピートを繰り返してくれました。

そのクライアントからまたさらにご紹介をいただいて、みるみるうちにカウンセリングのアポイントでスケジュールはすき間なく埋まっていったのです。

気がつくと、もう私にはコーヒーショップで時間をつぶす必要もなくなっていました。私はカウンセラーとして暮らしを立てていけるようになったのです。

それどころか、それまでの人生で最も経済的にも豊かになっていきました。でも、私は一切努力したという意識はありません。誰になんと言われようと、そのノートが私にとっての立派な事業計画書となったのです。

私はしばらくの間、このノートを「エゴノート」と呼んできましたが、本書では「エゴリスト」という名称に統一してここから話を進めます。

時間つぶしとして始めた「エゴリスト」のおかげで、私は自分が求めているものを明確に知ることができました。先輩に指摘されたのをキッカケに、あらためて自分の書いてきたことを見返してみて、私はあることに気づきます。

この気づきこそ、私が自信を持ってあなたにすすめたい「エゴリスト」の最大のポイントです。

それは、ノートの最初に書いていたものすべてが、その後も常に書き続けたものばかりではなかったということです。

私の場合、聞こえのいい、誰に語っても恥ずかしくないような立派な夢や願望は、最初のうちこそノートの中心に堂々と並んでいましたが、次第に登場する機会が減っていき、10日もしないうちにきれいに姿を消していました。

**その代わり、人に読まれたらちょっと恥ずかしい、でもまさに自分の本音の欲求が「エゴリスト」の中心にどんどん幅を利かせていったのです。**

「エゴリスト」というタイトルにふさわしい私の本音の欲求、欲望が後半になればなるほどページを埋めつくしていました。

そうした本音の欲求であればあるほど、私の字は躍動感いっぱいに書かれていました。

そうしたことに気づき、私は「エゴリスト」の効果の源にいき着いたのです。

## 毎日素直に書くことで本音があぶり出される

「エゴリスト」で一番大事なのは、毎日書き続けることです。来る日も来る日も書き続けていたからこそ、私は自分の本心とめぐり合うことができたのです。

毎日「エゴリスト」を開いていた時間は、私にとって自分の心の本音と向き合うための時間でした。最初のうちは、頭で考えていたことを書き出していたにすぎません。

以前から「こうしよう」「こうしたい」と決めていたことを書き出してみたというだけでした。もちろん、それらも自分の中にあった願望ではありました。

しかし、頭の中に留めておいたものは、いつの間にか古い情報になっている可能性があるということです。

「私はこれを目指す」と自分自身で決めつけてしまっている可能性があるのです。それはいつの日か、「これを目指すのが私」という自分でいるためのルールとなってしまいます。

そうなると、もう本音の願望ではなく、「私はこれを目指すべき」という義務的な目標になってしまいます。しかも、そうした目標は、内容的にはすばらしいものである場合がほとんどです。

たとえば「社会貢献する」だったり、「幸せをみんなに分け与える」だったり。

誤解してほしくないのですが、私はこれらの目標に反対なのではありません。こうした思いがすばらしいのは事実です。

ただ、すばらしい、立派すぎる願望が本当に自分の内面からわき出てきている場合に限ります。**大義名分としての立派な目標は、本当の、本音の願望とは言えない**のです。

## 〝一時的な欲〟と「根底にある欲」のパワーには大きな差がある

「エゴリスト」は、毎日自分の心と向き合うことで、自分でもわからなくなっていた本音が見えてくるノートです。

毎日書き続けていくからこそ、本音でないものは自然に消えていきます。その代わりに大義名分の下に埋もれていた自分の本音がよく見えるようになるのです。

モデルのような外見の完ぺきな相手とデートをするのは、もちろんトキメクでしょう。腕を組んで街を歩いていれば、人々の羨望《せんぼう》の眼を感じて優越感も味わえます。悪いことなんて何もありません。

でも、周囲の目ばかり意識してそのモデルのような相手と高級なレストランばかりをめぐる完ぺきなデートばかりしていたら、いつしかそのデートは味気ないものに、最終的には苦痛にさえなってしまうでしょう。

外見の完ぺきなデートの最中に、あなたはすれ違う仲むつまじいラブラブのカップルを見て羨《うらや》ましさを感じてしまうかもしれません。

つまり、恋愛で例えるなら、最初のうちは相手の外見の良さや、学歴や、収入など、世間的にも評価の高い相手を選ぼうとするかもしれません。でも、一緒にいて幸せなのは、実はもっと別の部分にひかれている相手だったりするのです。

「あなたならもっとすてきな人とつき合えるのに」と周りからいくら言われたとしても、あなたの好みや価値観とバッチリ合う人と出会ってしまったら、もうそれ以外の評価などあまり重要ではなくなってしまうでしょう。

外見がどんなに良くても、心の底から好きだと想えなければ、その相手との恋愛で幸せになることはないのです。

反対に、多少おもしろ味のある外見だったとしても、その相手の優しさや、ユーモアや、情熱や、個性にあなたが魅了されてつき合っているなら、デートの場所が高級レストランであろうと、屋台のラーメン屋であろうと、公園のベンチであろうと、特別な2人の幸せな時間となるのです。

あなたが本当に幸せになるには、あなた自身の本当の願望と出会い、結ばれることです。そのために毎日「エゴリスト」で、自分の心と向き合いましょう。自分の心によぎる欲求を手当たり次第につかんでは「エゴリスト」に書き出していくのです。

それを毎日続けていると、見栄えの良さで決めていた願望は、あまり心をよぎらなくなります。本当の意味では、最初からそうした願望はよぎってなどいなかったのかもしれません。

頭の中に留めていた目指すべき立派な願望を書く以外に、選択肢がなかっただけなのです。「エゴリスト」を書き続けていくと、その感覚が次第に変わっていきます。

**頭から心へと意識のベクトルが変わるのです。**以前から決めていた願望ではなく、今日の自分の欲求を明確にしていくのです。毎日新鮮な気持ちで問いかけてください。

「今この瞬間の、私の心によぎる欲求は何？」と。

それは、昨日仕事の帰りがけに目にした駅のポスターに影響を受けた旅行かもしれません。数日前にランチをしたときに、同僚が話していたことからのインスピレーションによるものかもしれません。とうの昔にあきらめてしまっていた、子どもの頃からの夢が再登場してくるかもしれません。

こうして本音がよぎったときにも、気をつけてください。

「そうか、私の本当の願望はこれだったんだ」とそう簡単に決めつけてはいけません。本当の本音の願望であるのは間違いないかもしれません。でも、それはあくまで「今この瞬間の心によぎった願望」なのです。

明日また「エゴリスト」に向かうときには、まるで違う欲求が心をよぎるかもしれません。

少し混乱してしまうかもしれませんが、心配しなくて大丈夫です。毎日「エゴリスト」を書き続けることで、あなたの欲求が一時的なものなのか、それとも心の底にずっと存在しているあなたの幸せの鍵となる本物の欲求なのかがわかってきます。

先ほどの恋愛で例えるなら、外見の良さで瞬間的に「ステキ」と一目ぼれしただけの相手なのか、生涯連れ添って本当に幸せになれる人生のパートナーなのかが、毎日の「エゴリスト」で自然と見えてくるのです。

## "心の鳥肌"は夢が叶うシグナル

自分の本音の欲求が明確に強調されてくると、そうしたあこがれの未来像への情熱もどんどん高まっていきます。

私の場合ですと、当時はたったひとりのクライアントしかいなくても、決して不安になることはありませんでした。

**「エゴリスト」のおかげで、私は現実の自分よりも、ちょっと先の未来の自分のイメージに意識をフォーカスできていたのです。**

ですから、常に高いモチベーションで、そのひとりのクライアントに対してベストな自分で臨むことができました。その結果、クオリティの高いカウンセリングを行なうことができていたのだと思います。

残念ながらその第1冊目の私の『エゴノート』は今、手元に残ってはいません。まさかこんなにまで長く書き続け、私以外にも多くの人たちの願望を次々と叶えていくかけがえのないモノになるとは、そのときの私は思ってもいなかったのです。でも、私の記憶する限りで、カウンセリングについて細かく書いていた覚えはありませんでした。

「お金が貯まったら、テントを買おう」

「四駆のジープでアウトドアに出かける」

「アメリカ時代に飼っていたような大きな犬を、どこにでも一緒に連れて行きたい」

そんなことばかり書いていたと思います。そして、書くたびにたまらなくワクワクしていました。大げさではなく、書き出すたびに心に鳥肌が立つのを感じていました。

犬とアウトドアに行くのにそんなにワクワク感動してたのかと、あきれられるかもしれません。しかし、それが正真正銘私の心によぎっていた欲求だったのです。

誰になんと言われようと、私のうっとりするほどのあこがれが、「大きな犬をジープに乗せてアウトドアする」という願望だったということです。

そこからどんどんイメージが広がっていきました。

私のイメージの常連としてよく登場していたのは、「満天の星の下、焚《た》き火のはぜる音を聴きながら、そばには大きな犬。アメリカンスタイルで小瓶のバドワイザーを飲みながら、カウンセラーとして活躍しているからこそできるその贅沢《ぜいたく》なひと時を満喫している自分」というイメージでした。

日頃からクライアントの心に寄り添うカウンセラーという仕事。そうした日常から離れ、時々こうして愛犬と自然の中で過ごす。

気をつかう相手は他にいない。普段は人の心のケアに徹しているカウンセラーだからこそ、そのご褒美として、誰にも気をつかわずに自分の心のためだけに過ごす。

そんなイメージをしていると、ワクワクゾクゾクがこみ上げてきて心に鳥肌が立つほど私は感動し、うっとりしていました。

これを妄想と言うなら、そうかもしれません。でも、私はそうだとは思わない。なぜなら、それは決して現実逃避で妄想の中に逃げ込んでいたのではなかったからです。

## 妄想は現実逃避、イメージングは理想の未来をつくる

「エゴリスト」に本音の欲求を書けば書くほど、私は自分の欲求をどれだけ強く求めているか、それが実現したらどれだけすばらしいかが明確になっていきました。

それが現実になっているときの自分の幸せ感を、強烈にリアルにイメージできたのです。

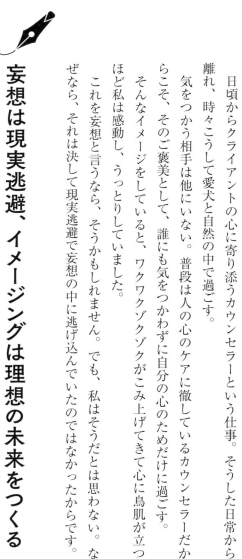

そうなると、もう何がなんでもそうしたいという情熱の熱量が増えていきます。つまり、「エゴリスト」は、現実逃避の妄想ツールではなく、現実を変えてしまう実践的ツールなのです。

長年の成功者たちのカウンセリングから生まれ、「エゴリスト」の基盤となるイメージング。

ここから先を気持ち良くあなたに読み続けていただくためにも、イメージングと妄想との違いを明確にしておきましょう。

**妄想は、不自由で不満足な現実から逃避して、自分の都合のいいことばかりのイメージの中に逃げ込んでしまっている状態です。**

これではイメージの中へ逃げ込んでいる間の、居心地は良いでしょうが、現実はいっこうに変わることはありません。

妄想が深まれば、自分に都合のいいイメージのほうを優先してしまい、余計に現実の世界では生きづらくもなってしまうのです。

**イメージングは、ちょっと先の未来を現実とは切り離して、自分の都合だけのあくまで理想的な未来をイメージします。**

ここまでは妄想と大して変わらないように思われるかもしれません。しかし、イメージングは、ここからが違います。

自分の理想とする未来を、潜在意識へインプットするのです。そして同時に、現実もしっかり認識します。

なぜなら、理想の未来と現実の今とのギャップこそを潜在意識が認識し、それを埋めるために、潜在能力を引き出してくれるからです。ですから、現状と理想の未来がいくらかけ離れていても、それは問題にはなりません。

むしろ、そのギャップが大きければ大きいほど、潜在能力の出番は増えて、その力を発揮してくれるようになるのです。

## 〝ごまかし〟〝先延ばし〟を防止する仕組み

「カウンセラーとして成功するためにはどうしたらいいか」ということを、私は一切考えたことはありません。考えてみたところでその答えが見つかるとも思えなかったからです。

私は大学で心理学の学位を取ったわけでもありませんし、臨床医としての訓練も受けたことはありません。

ニューヨークでセラピストの資格をたまたま取らせてもらえただけで、それを知った知り合いが「それなら」と、ある企業のトップをクライアントに紹介してくださったことでキャリアがスタートしたのです。

最初は、果たして「カウンセラーです」と名乗っていいものかどうかもわからない状態でした。

でも、「エゴリスト」には私の本音の欲求願望が日を追うごとに明確かつ、大きくふくらんでいきました。

**そうした本音を前に、自分をこれ以上ごまかしたり、願望を先送りするなんてあり得ないくらいの情熱になっていったのです。**

「エゴリスト」を書いていると、自分の欲求に気づいて、その欲求の強さに驚かされます。

物欲の強さに自分であきれたり、あきらめてしまったことの多さにがく然とします。あこがれの対象が高すぎて、身のほど知らずの自分に感心すらします。

でも、それでいいのです。私たちは自分の欲求を満たすことで幸せになろうとしているのですから。

自分の本当の欲求がわからないまま、見映えのするうわべだけの願望をいくら掲げても、そんな願望に本気で取り組むことは一生ないのです。

何よりも、私たちの誰にでも備わっている潜在能力という可能性は、本気になっていない願望実現には一切手を貸してはくれないのです。

## 達成のためにすべての意識と能力が集結する

「エゴリスト」を書いていると、自分の本音の欲求がより具体的なイメージとなって、自分の情熱の熱量を高めてくれます。

もうこれ以上無視できないくらいにその欲求願望を現実化することに、すべての意識と能力が結集してくれるようになります。

たかがイメージですが、されどイメージです。成功者は、いいえ、何も特別に成功した人でなくとも、日常のあらゆるシーンで誰もがイメージし、そのイメージに影響されて生み出された現実が私たちを取り巻いているのです。

その中でも特に成功者たちは、自分の望む未来のイメージを強く意識しています。

たまたま成功したなんていう話は、絶対にないのです。

万にひとつあったとしても、それこそ一発屋的な成功でしかなく、その成功を永続的に維持することはできないのです。

つまり、イメージもしていないのに、何かの拍子に成功を手にできたとしても、それはかえってその人の人生を混乱させるだけで、本書を手にしているあなたの本当に求める成功や真の幸せとは違うものなのです。

## 「努力する」では一生初心者マークが外れない！

「エゴリスト」を書き続けていた私は、当時の長者番付日本一の大川功氏のカウンセリングをするまでになりました。

大川氏はその頃、ＣＳＫやセガの会長として経済界のトップで活躍されていた人です。亡くなられてからも、多くの経営者たちから尊敬されつづけ、経営に関しての教えは日本の経済界に今も影響を与えています。私自身もカウンセリングを通して、大川会長からいただいた言葉を思い出します。

「成功するには自信が必要だ。そして、その自信を得るには、成功したという実績が必要なんだ」

このままの話ですと、鶏が先か、卵が先かという話になってしまいます。でも、この話にはこういう続きがあったのです。

「成功に必要な自信は、先にイメージの中で体験してしまう。するとそのイメージの中での成功体験に反応して、実際の自信を感じることができる。その自信をもって、今度は実際の成功を手に入れればいい。イメージングとは、そういう流れを意図的につくれてしまうのだね」

イメージングが、日本の長者番付一番の大川会長に太鼓判《たいこばん》を押していただいた瞬間でした。

私は「エゴリスト」を毎日、毎日、書き続けたことで、それまでは見えていなかった自分の本音の欲求をつかむことができました。

さらに、「エゴリスト」を書き続けながら、私は自分の気持ちや情熱のベクトルをより強く、より太く、自分の目指す願望へと向けることができたのです。

どんなに大変なことがあっても、その先にはいつもあこがれの未来というご褒美があると意識できました。

そのために、自分のカウンセラーとしてのスキルもどんどん磨いていこうという意欲が次から次へとわきました。

誰かに強いられて働いているのではない。誰かのために労働しているのでもない。すべては自分のため。

自分の好きで仕事をし、自分が想い描いたご褒美のために毎日働くことができました。そうなると、努力という意識は皆無です。

自分が手に入れたい物や事が、すべて仕事がうまくいった先のご褒美となって、仕事に対する私のモチベーションを上げてくれました。

**仕事も楽しくてしかたがなくなり、そんなふうに心を込めて働くので、必然的に仕事のクオリティも上がっていったのだと思います。**

私は、カウンセラー初心者の自分に不安になったり、振り回されたりせず、「エゴリスト」を通して、ちょっと先の未来で、名カウンセラーとして活躍している自分が見えたのです。もっと正確に言うなら、そんな名カウンセラーにすでになっている感覚を、自分の内側ではっきりと感じていたのです。

そのおかげで私のカウンセラーとしての姿勢がつくられていったのだと思います。

初心者マークの自分を意識して活動していたら、私は今のようにカウンセラーとして独り立ちできていなかったのではないかと思います。

初心者なのにベテランのふりをするのではありません。初心者だとしても、目指している名カウンセラーをイメージすることで、そのイメージに合わせて潜在能力がよりスムーズに引き出されていくのです。

潜在能力が引き出されなければ、努力しか成長できる手段はありません。しかし、努力すれば必ず能力が引き出されるわけでもありません。地道な努力で腕を磨き、ある程度成長できるまでは初心者マークの自分で活動するほかないのです。

大川会長のおっしゃったことを当てはめるならば、現実は初心者。イメージの中でも初心者だとすると、自信がわいてくることはまず難しいのです。

そして、自信がなければ、成功するための能力もチャンスも自分のものにはならないということになってしまいます。

# 拒否権のない絶対命令が行動を生み出す

私は「エゴリスト」を書くことで、引っ張りだこのカウンセラーとして活躍し、その結果豊かさを手に入れるという願望に夢中になりました。愛犬をジープに乗せて満天の星の下で、アウトドアの時間を贅沢に過ごすという、本当に自分が求める欲求願望を見つけたのです。

そして、それを書き続けていくことで、願望に対する私のイメージが広がり、また具体性を持って、さらに私の情熱を刺激してくれました。

そうした具体的で豊かに広がった理想のイメージが、私の潜在意識に届き、私が本当に求めているものは何かを潜在意識が知ることになったのです。

来る日も来る日も次第に強まって鮮明になっていくイメージを受け取った潜在意識は、**そのイメージに確信を持って、拒絶権などない絶対命令のように、そのイメージの現実化に向かってまっしぐらに働き始めてくれたのです。**

私たちには能力があります。それらは必要とされるのを今か今かと待っているのです。

あこがれのライフスタイルのイメージを受け取った私の潜在意識は、そのイメージを現実化すべく、その能力を総動員して働き始めてくれました。

## 〝引き寄せ〟よりも先に、大事な「引き出し」で自分を変える

世間では「引き寄せの法則」なるものが有名です。あなたも聞いたことがあると思います。

しかし、潜在能力が稼働し始めると、引き寄せの前にまず**「引き出し」**が始まるのです。あなたの中にある能力がまず引き出されます。それは具体的な能力ばかりでなく、今まで顕在化していなかった魅力だったりもします。

たとえば、恋をすれば、相手の興味をひく必要があります。その必要に応じて潜在能力から、最初に「恋愛オーラ」が引き出されます。恋をすると途端にきれいになったり、男らしさが増したりするのも、潜在能力が働いているからなのです。

あなたの理想のイメージを受け取った潜在意識から、必要に応じた能力が初めに「引き出される」のです。

あなたの内からアイデアがひらめいたり、新しい発想が持てたり、今までにない集中力が備わったりもします。

手に入れたい願望実現に必要ならば、必ずそれは引き出されてきます。

新しい感じ方、新しい思考、新たなアイデアを活かすために、新しい行動も生まれます。これらすべてが潜在能力による「引き出し」です。

新たな能力が備わったあなたは、それまでとは違うあなたです。

自分では認識しないことがほとんどですが、なんとなく前よりも自信があることを感じたりできるようになります。

あなたの内面からまず変化が起こり始めるのです。そうしてあなた自身が変わるからこそ、今までとは違う出来事があなたの周りに起こり始めます。これが世に言う「引き寄せ」の現象です。あなたが変わるから、今までにはない出来事やチャンスが引き寄せられるのです。

潜在能力が活性化すると、起こる現象がもうひとつあります。**「引き離し」**です。

あなたはもう今までのあなたではないのですから、当然今まで必要と思っていたものや出来事が、そこから先は不要となります。

新しいステージには、新しい人間関係や新しい出来事が待っているのです。

これらの流れは、私がカウンセラーとしてのキャリアを積んでいくうちにわかっていったことです。

「エゴリスト」を書き始めた当初は、潜在能力の働きについてもまだよく理解できておらず、とにかく私は毎日「エゴリスト」を書き続けました。

でも、それはもう単なる時間つぶしのためではなくなっていました。私は、誰も見たことのないカウンセラーとして成功した自分、そのご褒美として今まであきらめていたことをすべて手に入れて、それを思う存分堪能している自分を「エゴリスト」に書き出していくのが、楽しくてしかたなかったのです。

カウンセラーとしていい仕事をし、目いっぱい働いたご褒美として愛犬とともにアウトドアを心から堪能している自分の姿や風景やテントの脇に停めてあるジープなどを想い浮かべながら、私は「エゴリスト」をせっせと書き続けました。

# 天才たちのように朝に書いてみよう

いつの頃からか、「エゴリスト」を書く時間は早朝の夜明けのタイミングが多くなりました。

私なりに1日の時間帯を一通り試してみましたが、早朝の時間帯が一番「エゴリスト」に書き出した自分の欲求が、より効果的に潜在意識へ届いていると感じられ、**実際に最も結果へとつながった時間帯**でした。その後私は自分なりに調べてみて、腑《ふ》に落ちました。

古今東西の成功者やクリエイターたちが、早朝に最もクオリティの高い仕事をしていたり、1日の始まりにその日の流れをイメージに取り入れて瞑想していたりという事実を次々と見つけたのです。

ベンジャミン・フランクリンは、「SCHEME（スキーム）」というメモの朝5時のところに「The Question. What good shall I do this day?（問い。今日はどんないいことをしようか）」と書いていました。

その反対側には、「起床、洗面、全能の神にあいさつ。仕事の算段をつけ。今日の決意を固める」とも書いていました。

そもそもタイトルのSCHEMEとは事業計画という意味の英語。まさに私の最初の大学ノートと同じではないですか。

ベートーヴェンも夜明けに起きていましたし、ヘミングウェイもそうでした。

そして、その理由を、「誰にも邪魔されない」としていました。

女流画家のジョージア・オキーフも同じようなことを言っています。

「私は夜明けとともに起きるのが好きなの。太陽がのぼってくるのを見る。朝が一番いい時間。あたりに人がいないから。私が感じのいい人間になれるのは、あたりに誰もいないときなのよ」

もちろん、世のクリエイターたちには夜型の天才たちも多くいます。でも、注目すべきところは、早朝夜明けの時間が好きな天才たちは、その時間帯の自分は「感じのいい人間になれる」という感覚に触れていることです。

そして、「その日の決意を固める」ということです。これこそまさに「エゴリスト」の目的と同じなのです。

誰にも邪魔されずに、自分の心と向き合う。心配や不安に意識を引っ張られるのではなく、自分はちょっと特別だという感覚や、感じのいい人間という感覚に浸る。

なぜなら、**起きたばかりの早朝なら、まだ何も失敗はないし、つまずきもしていない。まっさらな自分で、これからの今日1日のことをイメージできるのです。**

そうしたポジティブなマインドの状態で、そこから始まるその日1日のイメージをし、それをやり切る自分の意識を自覚する。

潜在意識活用に最も効果的なプラチナタイムがあるとするならば、私は絶対的に早朝、それも夜明けの時間帯をすすめます。

その時間帯に「エゴリスト」に書き出したイメージを潜在意識が受け取ると、すぐにでも反応を感じさせてくれます。

大川会長のおっしゃった通り、イメージの中での願望達成体験が、現実的な自信や期待を心いっぱいに広げてくれるのです。

## 書いた通りになるから不安はいらない

私はカウンセラーとして活躍し、豊かさを手に入れた自分を「エゴリスト」でイメージし、何度もその姿を心の中で見ました。

カウンセラーとしてどうすれば活躍できるか、どうすれば豊かになれるかなど、一度も具体的に考えたことはありませんでした。

それでも「エゴリスト」に書き出したイメージの通り本当になるだろうかと、疑うことも、心配することもなかったのです。

むしろ、そうした現実的な結果はあまり気にせず、ただひたすらワクワクするようなライフスタイルばかりを「エゴリスト」に書いては、自分の心に見せていたのです。

**いつかはそうなってしまうのだろうな、と。そうなることを知っていたという感覚でした。**

「エゴリスト」に書いた理想とする未来の自分。その自分になるためには、何をすべきか。それは、潜在意識が心の声となって明確に教えてくれるのです。

自分の内なる声を無視すれば、自分らしくなくなってしまいますから、私は必然的にその声に従いました。その声の通りにやるべきことをやりました。

それは努力を強いられている感覚も、やらされている感も全くありませんでした。

果たして声に従っているだけで、カウンセラーとして活躍できるようになるのだろうか。もしも私がそこに意識を向けて考え始めていたら、途端に不安になってしまっていたことでしょう。

不思議な感覚ですが、私は「エゴリスト」に書いた通りかそれ以上になると知っていたのです。これは私だけに起こったことではありません。

「エゴリスト」を本気で書き続けた人たちはみなさん例外なく、この感覚を味わうことになります。

## 潜在意識がロックオンすれば、必要な情報が集まってくる

時間つぶしに「エゴリスト」を書いていた近くのカフェが、いつの間にか、その日の最初のクライアントの会社や家の近くのオシャレなカフェに変わっていました。

書き続けていたこともイメージが広がり、細部まで詳しく書けるようにもなり、内容も変化していきました。

アウトドアであれば、場所など気にかけていなかったのが、次第に具体的で現実的なキャンプ場のイメージとなりました。自然とキャンプ情報が耳に入ってくるように

なったのです。

ジープの種類もほとんど知らなかった私ですが、街を走る四輪駆動は、すぐにどこのなんという名のジープかわかるようになり、どうせジープに乗るなら、どの四駆で何色がいいか、どのグレードに乗ることになるだろうかと、細部までこだわるようになりました。

大きな犬としか心によぎっていなかった大型犬も、ラブラドールレトリバーのイエローがいいなと限定するようになりました。

ゴールデンレトリバーと比較して、どの部分はゴールデンのほうが優れていて、どの部分はラブラドールのほうがいいか、などというマニアックなことまでイメージの中に取り込めるようになっていたのです。


自分の本音の欲求を知ることで、潜在意識はそれに関する情報を収集してくれるようになります。

とはいっても、体から抜け出して情報収集するわけでは当然ありません。どこにいても、何をしていても、自然に目にとまるようになるのです。

自分の奥さんが妊娠した途端、街中が妊婦さんであふれてしまうという、私たち人間の心理を言い得てとてもわかりやすい例え話があります。

たいていの男性は、普通、妊婦さんとは縁が薄いものです。

しかし、自分の奥さんが妊娠したと知った途端、妊婦さんという存在が他人事ではなくなってしまう。自分と妊婦さんの強い関係がイメージとなって、潜在意識に届くのです。

すると、潜在意識は、妊婦さんや妊娠ということに関係するあらゆるものをどんどん引き寄せてくるようになります。

交差点に立っていても、対岸の人混みの中にも、自分側の信号待ちの人の中からも、妊婦さんを見つけ出してしまうのです。

今朝、奥さんから妊娠の事実を告白されたばかりなのに、その日の通勤時は、もう街中の妊婦さんが目にとまり出し、突然のベビーブームが来たのではないかと錯覚を起こしてしまうのです。

めずらしい色の車を購入しようと決めた途端に、その色の車が走るのを何台も見てしまって、「なんだ、そんなにめずらしくもないのかな」と思ってしまうのも同じ現象です。


**意識し始めた途端に、潜在意識がそれに関係しているモノに照準を合わせロックオ**

**ンしてしまうのです。**

私たちはいろいろなものを目にしたり、耳にしたりして毎日を生きています。でも、実は見たもののすべてを、聞こえた音のすべてを心に認識させているわけではないのです。私たちは、自分に関係のあると思われるものだけを拾ってきては、心に認識させているのです。

同じことの繰り返しばかりで視野が狭くなってしまえば、世界がどんなに広くとも、心に認識されるものはいつも同じで限られてしまいます。

## どんなノートでもいいけれど、すてきだと思えるものを使おう

あなたも今日から始めましょう。必要なものは1冊のノートだけです。

どんなノートでも構いません。私も最初は大学ノートからのスタートでした。

でも、せっかくこの「エゴリスト」で、本当に自分が望んでいるものを見つけ、それを潜在意識とともに現実化していくのです。

今の何倍も幸せを手に入れることができるのですから、できれば何か特別なノートを用意してスタートしてみてはいかがでしょうか。

大学ノートから始まった「私の事業計画ノート」は、先輩の助言がきっかけで『エゴノート』というタイトルになりました。

その後、私のスタッフたちが私の書いているノートに興味を持ち、自分たちもマネし始めると、どんどん夢が叶っていきました。

そこでこの『エゴノート』は、正式に夢を叶える魔法のノートとして制作することになりました。ノートの名称も「ヴィジョンクエストノート」とかなり格好良くなって、多くの人たちの夢を見つけ、それを叶えてきました。

そのノートにさらに改良を加えて、現在は、「イメージングノート」という名で生まれ変わり、すでに多くの人たちが使っています。

元祖『エゴノート』のテーマは、「エゴリスト」ページとして、「イメージングノート」の中心として存在しています。

「イメージングノート」は、本革で重量感もしっかりあります。情熱をイメージして真っ赤に染められています。大学ノートから始まって、ずいぶんと立派になりましたが、上着の内ポケットやハンドバッグには入らない大きさで、少し不便です。

しかし、私はあえてそうしたノートをデザインしました。どこかにスッポリ収まったり、他のノートにまぎれて見えなくなってはいけないのです。

「イメージングノート」は、あなたの夢を叶えて、真の幸せを手に入れるためのアイテムです。あなたの日常で一番大切に扱うべきもので、部屋のどこに置いていても、すぐ目にとまるべき特別なノートです。

**「イメージングノート」を目にするたびに「そうそう、私には叶えたい願望があるんだ。なりたい未来の自分があるんだった」と、意識を深めていただきたいのです。**

持ち運びなどしなくていいです。1日1回、誰にも邪魔されない夜明けのプラチナタイムに、ちょっと感じのいい自分で、自分の心と向き合うのです。

毎朝、陽が昇ってきて1日の幕が開く頃には、あなたはもう自分の目指す願望を明確にして、「何のために今日1日が始まるのか」「どんな未来に向かって自分の能力と時間を使っていくのか」がハッキリとわかっているのです。

世界というステージの上で、主役を演じるあなた自身の準備が万全に整っている状態です。

あとはステージの幕が両側に大きく開くのを待つばかり。これからどんなドラマが観られるのかと期待でいっぱいの観客は、主役のあなたが舞台に現われ、人生という芝居を今まさに始めようとするのを目の当たりにするのです。

カーテンのすき間から、ブラインドの間から、太陽の光がステージライトとなってあなたに当たり始めます。

あなたが「イメージングノート」として用意するものも、できるだけ大きくて目立つものを選びましょう。コンパクトで持ち運びの便利さを追求するものではありません。

あなたが毎日、何のために働き、何のために学び、何に向かって人生を歩んでいるのか。

それをいつも意識できるように、象徴として目立つお気に入りのノートを用意してください。

私のカウンセリングのクライアントのように、あなたも「イメージングノート」の中の「エゴリスト」で、自分の本音と向き合いましょう。自分の本当に求める願望を見つけるのです。

「エゴリスト」で見つかった自分の本当の願望を、今度はイメージングの音声を聴きながら、メディテーションで潜在意識にインプットしましょう。

本書巻末に読者のあなたのために、特別にイメージングメディテーションの音源を用意してあります。

あなたの願望実現に向けて、より潜在意識が活性化し、働き始めます。

さあ、「エゴリスト」とともに、ここからあなたの本当の幸せな人生のための一歩を踏み出しましょう。

潜在能力という無限の可能性を前に、年齢などを気にする必要はありません。今までの実績も、現状も一切マイナス要素にはならないのです。

一度切りの自分の人生を、無限の可能性を秘めた自分の最大限を引き出して楽しみましょう。すべてはあなたの本音の欲求をつかむところから始まります。

そのためには、「エゴリスト」が唯一最強のアイテムとなるのです。

# 第3章

# エゴリストの基本ルール

## 楽しいから毎日続ける

# ノートの初歩的ルール

ここまでで、「エゴリスト」の全体像をご理解いただけたと思います。

「エゴリスト」は、自分の本当の願望に気づくための「イメージングノート」の核です。その願望のイメージをどんどんふくらませて、それに対する情熱の熱量を上げていくノートです。

毎日書き続けることで、頭で考えていた「こうあるべき」という義務的な願望や、自分でも本音だと思い込んでいた偽りの願望が、自然淘汰《とうた》されていきます。

自分の心によぎる欲求と毎日向き合い続けていくことで、本当に心が震えるような情熱の持てる願望の精度を上げていくことができるのです。

書き方は自由です。あなたの欲求のイメージをふくらませていくノートなので、制限などは一切なしです。

しかし、全く自由となると、かえって難しく感じてしまう人も多いでしょう。

そこで、**あえていくつかの初歩的なルールをご紹介します。**本来は制限なしの「エゴリスト」なので、このルールはいつ解除してもけっこうです。

今からお伝えするルールを通して、さらに「エゴリスト」の特性をつかんでもらえたらと思います。

## 書き間違え、誤字脱字は気にしなくていい

まず、書き間違えても、一切修正などはしないでください。消しゴムも使わないのです。誤字脱字などを気にして書くものではありません。

心によぎる自分の本音を、瞬間的につかみ取って書き出していくのです。

時には自動書記のように、自分で書いている感覚を超越して、すごい速さでペンが動いてしまうなんてこともあります。

どんな筆記具で書いても構いませんが、私は万年筆で「エゴリスト」を書くことをすすめています。

ちょっとした気持ちの変化が筆圧の変化となってペン先に伝わり、微妙な太さや字体に表れるからです。

そのときの心によぎる本音に反応した文字が「エゴリスト」に書き残されていく、それは最高にすばらしい瞬間です。

私たちはスケジュール帳を自分なりに管理していたりします。何かを整理しているときに何年か前の手帳を見つけて眺めてみると、「あの年の今頃は旅行に行ったんだった」というなつかしい気持ちになったりします。

でも、そんなふうに何をしたかの記録は残っていても、**自分が人生のそのときそのときで何を求めていたかという記録は残せていない**のではないでしょうか。「エゴリスト」を万年筆で書いていくと、自分の本音を個性的な字体や表現でノートに残していけます。

二重線で訂正した欲求にも、それはそれで意味があります。途中でインクを取り替えて、微妙に色が濃くなったりしているのも、そのインクを入れ直していたときにどんなイメージをしていたかまで、後になって鮮明に蘇《よみが》ってきたりするのです。

消したり、書き直したり、うまく書けないからと、ページごと破り捨てたりはしないでください。

上手に書こうという意識が、あなたの本音を見えづらくしてしまいます。

「エゴリスト」は、あなたが、あなたのために、あなたの本音をつかむために書いていくノートです。

誰かに見せたり、見られたりすることを前提に書こうとすると、本音が心をよぎりづらくなってしまいます。

書いてみて、読み返してみて、少し恥ずかしくなるくらいのほうが、うまくいっていると思ってください。

**「もしも『エゴリスト』をどこかに落としてしまったら、大変だ。恥ずかしくて落とし主だと名乗り出られない」**

それくらいに思えることが理想的です。

なにしろ自分の本音の欲求を書き出しているのですから、それを誰かが拾って読んで「すばらしい。この人は見上げた心構えの人だ」なんて賞賛されないほうがいいのです。

## 物欲も大歓迎！

「エゴリスト」は物欲も大歓迎です。せっかくこの時代に生まれているのですから、あれも欲しいこれも手に入れたいと、次々に発表され宣伝される魅力的な商品に目移りするのは当たり前です。

ですから、**心によぎる欲しいものなら、どんどん書いていきましょう。**

頭で考えて、あったら便利なんていう欲しいものとは違います。これも書いていくうちに、その違いがわかってくるものです。

まずは迷わずどんどん書いていってください。ただし、「エゴリスト」は買い物リストではありません。物欲をどんどん書いていくのは自由ですが、すべてを必ず買わなければいけないとは思わないでください。

「リストを書くようになってから、衝動買いやムダづかいがなくなった」という声をよくいただきます。

毎日「エゴリスト」を書いていくことで、昨日欲しいと思って書いたことが、今日は心によぎらなかったから書いていないということが起こるのです。

そうなると、「そうか、昨日は衝動的に欲していただけで、本当に欲しかったわけではなかったんだ」と自分の本音に気づけるというわけです。

これはメリットです。ムダづかいをしない分、まとまった額のお金を蓄えることができます。

「エゴリスト」で本当に心から欲しているものに、お金を投入することができるのですから、大きなメリットと言えるでしょう。

## 〝期日を明確に〟より「なるはや！」が潜在意識を動かす

これも時々聞かれることのひとつですが、「エゴリスト」で明確になった願望には、達成の目安となる目標期日を設定したほうがいいか、という質問です。

夢実現の期日を設定して夢を叶えよう、という成功哲学もあると聞きます。

しかし、**イメージングではあえて期日を設けることをタブーとしています。**

なぜなら、たいていその期日は、今までの経験や世の中の常識で考えた場合の、このくらいまでには達成できそうだという期日だったりするからです。

イメージングは潜在能力を活性化させて願望実現するものです。

常識や先人の例を参考にする必要はありませんし、そうしたイメージがかえって潜在能力の働きを鈍らせてしまう可能性があります。

**イメージングによる願望達成期日をあえて設けるとするなら、「なるはや！」です。**

「エゴリスト」でイメージをうんとふくらませて、じっとしてはいられないくらいに情熱の高まった状態なら、いつまでに達成するなんて悠長なことを言ってはいられないはずです。

「あこがれのイメージ通りの自分に1日も早くなりたい」とワクワクしているからこそ、そのイメージを受け取った潜在意識も、引き出し、引き寄せ、引き離しを積極的に起こしてくれます。

そうなれば常識的にはあり得ない速度で、願望実現に向けて物事が進んでいきます。

「いつまでにこうなりたい」なんていうのは、実は常識に縛《しば》られた消極的な姿勢だと言えるのです。

大好きな相手と、いついつまでにつき合えたらいいな、なんて想っているようでは、本気の恋にあらず。

今すぐにでもあの人と結ばれたいという熱い想いがあってこそ、本当の夢（恋）も成就するのです。

# 所有、動詞、存在がキーワード

「エゴリスト」には、初めの取っかかりとして、わかりやすく3つの問いかけでアプローチします。

まずは、「What do I want?（私は何を欲している？）」という見出しを「エゴリスト」のページの中央に書いてください。

その大きな問いの下に、「have」「do」「be」というそれぞれの問いかけのキーワードを書きます。

**「have」は、所有を表しています。「何を手に入れたいか？」です。**

**「do」は、動詞の代表。「何をしたいか？」です。**

**「be」は、存在そのものを表しています。つまり、「どうありたいか？」です。**

この3つの大きな問いかけを、毎朝「エゴリスト」を開いては自分に問いかけましょう。

「自分は何が欲しいのだろう？」「何をしたいと思っているだろう？」「どんな自分になれたらいいのだろう？」と自問するのです。

時には親身に、時には他人事のように考えてみてください。自分の内側に問いかけるときもあれば、自分を第三者と見立てて問いかけるのも有効です。

心によぎる本音をつかむのは、最初のうちは案外難しく感じるかもしれませんから、いろいろなバリエーションで工夫を凝らして考えてみましょう。

ちなみに私が時々している「エゴリスト」の自問バリエーションを少し紹介しておきます。あなたもぜひ自分自身に試してみてください。


「自分がいいなと想うライフスタイルってどんなだろう？」

「自分の行きたい場所は、どこかあるかな？」

「これくらいあったらいいだろうな、と思える目標収入額ってどのくらいだろう？」

（思わず多ければ多いほどいい！　と答えたくなりますが、数字をただ大きくするよりも、どの辺りの数字が一番ワクワクするかを見つけてください）

「自由な時間をどう過ごしているとワクワクするだろうか？」

「一緒に働くなら、どんな人たちとが毎日楽しく、やりがいも感じられるだろう？」

「いくつになっても健康であるのは当然だけど、その健康な自分で何をしよう？」
「いつも満たされた精神状態って、どんなだろう？」
「幸せな自分は、どんなところに住んでいるだろう？」
「自分の家族はそれぞれどんなふうに幸せだろう？」
「どんな生き方を自分のものとしているだろう？」

こうした問いかけの後に、ほんの少し何も考えず、ただ自分の心の中に起こる変化や、よぎる思いやイメージに意識を向けてみます。

慣れるまではとまどうかもしれません。でも、自分の心の本音が見えづらくわかりづらいままにしていたら、一生本当の幸せを手に入れることはできなくなってしまいます。

せっかく本書に興味を持って、極力ムダな努力は避けて、本当に幸せになろうと思っているのなら、どうぞあきらめずにやり続けてみてください。やり続けていくと誰でも自然にできるようになります。

今ひらめいた欲求は、「果たして頭で考えて出てきたイメージだろうか、それとも心によぎった本音だろうか」などと迷ったり、心配したりする必要はありません。

それを選別するためにも、まずは「エゴリスト」にどんどん書いていくことです。

**ポイントは、書いてみて〝少しでもワクワクするかどうか〟です。**

ワクワクするような書き方ならどんな書き方でもかまいません。単語ひとつでも、文章でも、何かの名前でも、イラストでも構わないです。

よく完了形で書くと潜在意識に伝わるなんて言う人もいますが、それもあまり気にしないでください。

過去形で書こうが、未来形で書こうが、完了形で書こうが、大切なことはワクワクするかどうかです。

私はよく「こんなふうになっちゃったりなんかしちゃったりして」と、楽しく書いたりします。すると、なんだかワクワク度も一段と上がるように感じるのです。

あなたに一番合う書き方を見つけてください。よぎった欲求によって、いろいろと書き方を変えてもいいです。

「エゴリスト」を願望が叶うから書くというよりは、「書いていて楽しいから毎日書いている」という人のほうが、結果的にも潜在能力が活性化しています。

毎日書き続けるには、それ自体を楽しむのが一番です。楽しんでいる限り努力なんていりません。継続は力ですし、好きこそものの上手なれです。

# 第4章

# 100％
# ポジティブな
# 自分をつくっておく

## ちょっとした下準備

# 「自分に期待しなくなる」ことが一番もったいない

「エゴリスト」を前に、本音の欲求がなかなかつかめないときがあります。

それどころか、欲しいものもこれといって思いつかない。特別やりたいことも今のところなし。

まして、なりたい自分なんて全然浮かんでこない……。いざとなると、これだと言える願望のなさに呆然《ぼうぜん》としてしまう人がいます。

でも、心配は無用です。そんな状態の自分に気づくことも、「エゴリスト」の大事な役割のひとつです。

夢や願望がないことは、決して悪いことではありません。問題なのは、そんな自分をそのまま放置してしまうことです。

誰もが必ず夢を持っていなければならないわけではありません。ただ、潜在能力の活用をテーマにカウンセリングをしてきた私としては、もしもあなたが、なんらかの理由で、これからの自分に期待しなくなってしまっているとしたら、それは本当にもったいないことだと思うのです。

人はあこがれを抱き、そのあこがれの自分に近づいていくために、人生というチャンスを与えられていると私は思っています。

そのためにこそ、私たちの誰もが潜在能力という無限の可能性を有しているのだと信じています。それ以外に、潜在能力が私たち全員に備わっている理由が見つからないのです。

**人生の最大の目的は、幸せになることです。**

**幸せとは、お気に入りの自分を感じて生きること。**

自分自身でいること、自分のしていること、得意なこと、認められる仕事、取り巻く環境、愛する人たち、愛してくれる人たち、豊かだと感じられる生活。

そうした様々な面で、お気に入りの自分を感じること。

他にもいろいろな言い方や要素はあるでしょうが、限りなくシンプルに言うなら、それが幸せの状態なのです。長年のカウンセリングで、追求してきた「幸せとは」に対する私のいき着いた答えです。

# ゾーンに入る瞬間を意図的につくる

そんなお気に入りの自分に近づいていくことを可能にしてくれるのが、私たちの潜在能力です。潜在能力には絶大なパワーがあります。

昔から「火事場の馬鹿力」という言い方があります。か弱そうな女性が火事場からタンスを背負って出てくるという例えです。

いざというときに、あり得ないほどのパワーを私たちは発揮する、またはそうした底力を秘めていることを表しています。これこそ潜在能力のパワーです。

もちろん、潜在能力は火事場からタンスをかつぎ出すために存在しているわけではありません。では、それだけのパワーを使って、一体何を成すのでしょうか。

**潜在能力は、幸せになるための力なのです。**

潜在能力は私たちのイメージに強く反応します。現実にはない状況でも、それをイメージすると、そのイメージに反応して、それを現実の状況にしてしまえるパワーがあるのです。

過去に起こったことを想い出すのもイメージですし、まだ見ぬ未来に想いを馳《は》せるのもイメージです。

イメージは自由です。あなたがもしも本書を手にしていなかったとしても、あなたは無意識のうちに様々なイメージを日常でしていることでしょう。

その無意識にしているイメージにも、あなたの潜在能力は反応して、今とこれからのあなたの人生をつくり出していくのです。

私は、この潜在能力の、イメージに反応するという性質をこう捉えています。

まだ見ぬ未来をイメージし、その未来を現実に引き寄せるために、潜在能力は私たちの中に存在しているのだと。

だとしたら、自分の未来をむやみに無責任にイメージしてしまって、願ってもいない、求めてもいない未来を引き寄せてしまっては、潜在能力を間違って使うことになります。

「来週の会議で、頭が真っ白になってプレゼンが失敗してしまったらどうしよう……」とちょっと先の失敗をイメージして、自分でゾッとしたことはないでしょうか。

未来を憂《うれ》う、これからの生活を心配する、これらはマイナスのイメージをしていることになります。そして、**そんなマイナスイメージも潜在能力はしっかり受け取って反応してくれることになるのです。**

イメージングを知っていくと、自分が抱くイメージと、自分が遭遇する出来事が絶対的につながっていることがわかります。つまり、ここからのあなたの人生は、あなたのイメージ次第だということです。

潜在意識に、あなたが望む未来のイメージをインプットできれば、潜在能力が働いてそうした未来をあなたの現実に起こしてくれます。

「どうせ私なんて、今さら期待しても、がっかりするだけだから……」

こんなふうに、もしもあなたが何らかの理由で、自分への期待をしなくなっているとしたら。最近のあなたが以前よりも、夢を語らなくなってしまっているとしたら。

あなたは自分の潜在能力の存在を忘れてしまっているのです。何かうまくいかないことが続いたりして、少し自信を失ってしまっているだけなのです。

## 「なんでもできそう」「どうせ私なんて…」——選択は自分でできる

私たちは、自分に対して抱いているイメージがあります。自分像と言えばわかるかもしれませんが、イメージングではそれを**「セルフイメージ」**と言います。

セルフイメージが高いとき、私たちは自分に期待ができ、**「今の自分ならなんでもできそう」**と、自信のある状態にあります。

セルフイメージが低いときは、期待よりもあきらめてしまうほうが強く、「どうせ私なんて……」と、自己否定気味で自信のない状態です。

当然、**セルフイメージが低ければ、夢も希望も期待も持てない心のコンディションだと言えます。**

そんな状態では、願望などが心をよぎるはずもありません。何かすてきなものを目にしたとしても、それを自分の人生に取り入れようという意欲もわかなくなってしまうのです。

反対にセルフイメージが高いと、現状がどんなに良くなかったとしても、「いやいや、今に見ていてよ、この私だって」と、ここからの自分に大いに期待できます。

すてきなものや、すごいと思える人と出会ったとき、それが人ごとではなく、「よし、私もあんなふうにすてきになろう」と積極的に思えて、そのイメージを自分に取り込もうとするでしょう。

そうやって目にとめたあこがれのイメージが、次の日の「エゴリスト」を開いたとき、あなたの心によぎる可能性は高くなります。

つまり、「エゴリスト」と向き合う時間を充実させるためにも、私たちは常に自信があって、ここからの自分に期待できる高いセルフイメージの状態を維持することが大切になるのです。

ここからは、セルフイメージの高め方や、それを維持する方法をお教えします。高いセルフイメージのあなただからこそ、あこがれ探しもどんどん積極的になって、毎日の「エゴリスト」時間も、際限なくふくらむ願望欲求のイメージが心いっぱいに広がるのです。

それらをあなたの潜在意識にインプットしてしまえば、あとは潜在能力がそのあこがれの願望イメージを現実化するために働き出してくれます。

# まずは成功グセをつける！「イェス！」は小さいほどいい！

「小さなイェス！」

イメージングのメソッドの中でも特に有名なセルフイメージを高めるメソッドをズバリ教えましょう。誰でもすぐに実践できるシンプルかつ、効果絶大なメソッドです。

**小さなイェス！**　というもので、とにかく身の回りの些細《ささい》な良いことを見つけては、ガッツホーズを取りながら、「イェス！」と、声に出してグッと肘《ひじ》を引くのです。

朝目が覚めてから、「目が覚めたぞ、イェス！」「ベッドの上で寝ていたよ、イェス！」「トイレでスッキリした、イェス！」「コーヒーを淹《い》れているときの香りがいい、イェス！」「おいしくコーヒーが淹れられたぞ、イェス！」「トーストが丁度いいキツネ色だ、イェス！」「時間通りに準備できた、イェス！」「駅までの道がスムーズに進めた、イェス！」「電車が時間通りにきた、イェス！」「車内で座れた、イェス！」という具合に、通勤時の朝時間だけでもこの小さなイェス！　をやってみると、みるみる元気がわいてきます。

そんなことにいちいち「イェス！」するのかと、いぶかしむ人もいるかもしれません。でも、「小さなイェス！」は、その名の通り小さければ小さいほどいいのです。

ほんの些細なことでも「小さなイェス！」をするたびに、あなたのセルフイメージは高まります。

「いいことがあったよ」「うまくいったよ」という成功メッセージを潜在意識に届けるのです。

どれだけ内容が濃いか、特別にいいことか、は全く問題ではありません。**大事なのは数です。質より量なのです。**

「イェス！」とガッツポーズを決めるたびに、「いいことが起こるのが私」「私がやることはすべてうまくいく」というセルフイメージに変わっていくのです。

それはそのまま「成功グセ」がついていくということになります。成功はそれがどんなに小さなものでも、必ず私たちの心を勇気づけてくれるものです。

大きないいことが起こるのを待っていては、なかなかガッツポーズをすることはできません。「うまくいった！」という認識のあまりない毎日を過ごしていれば、私たちのセルフイメージは低い位置で停滞してしまいます。

それよりも些細な小さなことで確実に「イェス！」の数を増やしていきましょう。みるみるうちにセルフイメージが高まっていきます。

「今の私ならできてしまうかも」という自分への期待が高まることで、実際の能力も潜在能力から引き出されていきます。だから、現実も本当にうまくいき始めるのです。

大川会長のおっしゃったことを、もう一度思い出してください。

イメージの中での成功体験が、実際の自信を生み出してくれる。

「小さなイェス！」は、この応用編です。

架空の成功をイメージの中でつくり出すのではなく、実際の日常にあふれているちょっとしたことを、成功のひとつとしてカウントしていくのです。

放っておけば決して気にとめることもないことに、意識を向けるだけで、「実は、たくさんうまくいっていることってあるんだな」と気づくことができます。そうした気づきが先の大きな収穫へとつながっていくのです。

先ほど例にあげた「小さなイェス！」は、普段は当たり前のように気にもとめずにスルーしているか、もしもこれと反対のことが起これば、迷わず「ノー！」を連発してしまうものです。

「小さなノー」は、当然、正反対の効果として多大なマイナス影響を与え、あなたのセルフイメージをどんどん下げてしまいます。

「あ〜、朝か〜、寝たいな、ちぇっ、起きなきゃ」「いつの間にか布団が落ちていたよ、どうりで寒いと思った、ハァ〜」「また今朝も便秘でつらい……」「コーヒーの粉が切れてる、もぉー」「お湯の量を間違えた、せっかくのコーヒーが水っぽい、クソ〜」「トーストが焦げちゃった、サイアク〜」「もう間に合わないよ、髪の毛まだボサボサなのに」「今日に限って駅までも混んでる、もうイヤだ」「電車が遅れてる、あ〜遅刻確定で憂鬱《ゆううつ》だ」「車内が混んでる、痛い、足踏まれた！　クソォ」

どうでしょうか。結構頻繁《ひんぱん》に、当たり前のように、あなたの心の中で言っているボヤキに近いとしたら要注意です。

イメージングは、潜在能力を最大限活用して幸せになるライフメソッドです。

# 成功者は幸せのハードルを限界まで下げていた

幸せのライフメソッドとして絶対的に大切なのは、いいセルフイメージを抱いていることです。

そのために心がけてほしいのは、**あなたの幸せのハードルを下げることなのです。同時に、不幸のハードルはうんと高くしてください。**こういうと誤解してしまう人がよくいます。

「幸せのハードルを下げろだって。私の幸せをそんな安物にはしたくない」と。

これは決してそういう意味ではありません。むしろ、その逆だと言えるのです。

成功者は幸せのハードルが低いのです。だからこそ大きな幸せを手に入れていると言えます。

幸せのハードルが高い人は、そのハードルを越える何かが起こらない限り、いつも不幸でいます。グチが多く、不平不満でいっぱいの自分で過ごしているのです。

そんな人に高いハードルを越えるような幸せが転がり込んだり、引き寄せられたりしてくることはまずありません。だから、なおさら不幸になっていってしまうのです。

幸せのハードルを低くしていると、ちょっとしたことでもハッピーになれます。成功者に感動屋さんが多いのは、感動できる対象がたくさんあるような生き方をしているからだとも言えるのです。

いつもハッピーな状態でいられるから、いい人間関係がどんどんふくらんでいきます。明るい笑顔には明るい笑顔が集まってきますし、暗く不機嫌な顔には同じように暗い不機嫌そうな顔をした人が寄ってきてしまいます。

不幸のハードルが高い人は、ちょっとやそっとでは不幸になれない。

不幸になる対象が少ないので、セルフイメージも下がりづらくなるのです。セルフイメージが下がらないということは、いつも自信を持っている人間であるということです。

何か良くないことが起きても、周りのみんながボヤいていても、決してあきらめたりせず、希望を持って前進しようとする魅力的な人となれるのです。

いつも希望と期待で前を向いている人生と、いつも不満を口にして期待など持たずに後ろ向きの人生と、これだけで幸せか否かがはっきりと分かれます。

## 不幸のハードルは〝越えられない高さ〟に設定する

夢を叶えて幸せになりたいのなら、あなたの心をプラスのイメージで満たし、幸せのハードルを下げましょう。幸せのハードルなら、もう地面に埋めてしまってもいいくらいです。

そうすれば、歩いているだけであなたは幸せのハードルをいつも越えていけます。不幸のハードルはうんと上げてください。天まで届くほど、どう考えても不幸のハードルは越えようがないと思えるなら、あなたは何が起こっても絶対に不幸にはならないのです。

「小さなイェス！」で普段のセルフイメージを高めていきましょう。

セルフイメージが高いと、あなたが「いいな」と想える願望も広がります。反対にセルフイメージが低いと、今の自分ができそうなことの中から「やりたいこと」などを探そうとしてしまいます。

でも、それは本当に「やりたいこと」なのではなく、「自分でもやれそうなこと」でしかないのです。

本音の欲求に従ってはいないものを選んでいる限り、あなたはその願望を本気で手に入れようとは思いません。せっかく手に入りそうなものにレベルを下げたとしても、結局は本当に欲しいものではないから、モチベーションも上がらないまま、永遠に行動も起こさないのです。

**幸せとは、お気に入りの自分になることが、最初であり、最大のステップです。**

周りからどんなに評価が高くても、羨望《せんぼう》の的になるほどの成功を収めていたとしても、その自分があなたのお気に入りの自分でなければ、本当の幸せにはなれません。

そのために「エゴリスト」で、あなたの本音の欲求を追求するのです。本音の欲求を見つけるためには、高いセルフイメージのあなたでいることが大事です。

**「小さなイェス！」を日常の良い習慣にしてください。**

ちょっとした些細なことを「自分の周りで起きているいいこと」と認識するクセがつけば、あなたのセルフイメージはいつも高い状態に保つことができるでしょう。

## マイナスイメージを受け流す超簡単なメソッド

もうひとつあなたにオススメしたいセルフイメージを高く保つ方法があります。

こちらも「小さなイェス！」に負けず劣らずシンプルです。シンプルすぎて軽視されがちなのですが、これも即効性のあるとても実用的なイメージングのメソッドのひとつです。

マイナスがよぎったら、「フン！」。この「フン！」は鼻息です。

ふと、何かネガティブなことを考えてしまったり、マイナスのイメージが心をよぎっ

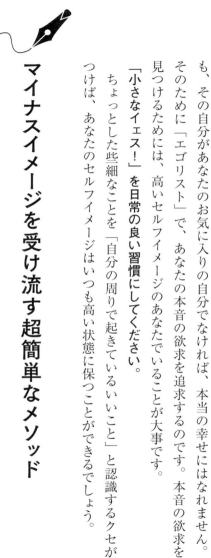

たりしたときに、そうしたイメージがあなたの潜在意識に作用して、あなたの願望実現の邪魔をさせないためのメソッドです。

特にイメージングをやり始めの頃は、潜在意識の通りが良くなっていく分、様々なイメージに影響を受けやすくなります。

プラスのイメージだけなら良いのですが、マイナスのイメージにも同様に影響を受けてしまいます。

そんなときに、「マズイ、今マイナスのイメージをしちゃったけど、このマイナスが潜在意識に届いてしまうと大変なことになる……」、なんて心配してしまうのが、一番良くないのです。

心配になって、パニックになればなるほど、皮肉なことにそのマイナスのイメージは、強く、深く潜在意識に浸透してしまいます。

潜在意識には、「感情のともなったイメージほど、強く影響を受ける」という性質があるためです。

ですからそんなときは、すかさず「フン！」と肩をすぼめながら、鼻で笑うのです。すると、マイナスイメージをしてしまったことが心配で大騒ぎしかけた自分が、なんだかバカバカしくなります。このバカバカしくなってしまうことに意味があります。

**「大騒ぎするようなことじゃない、今よぎったマイナスイメージなんか、自分にとっては取るに足らないことだ」**という感覚になれると、そのマイナスイメージは、その途端に影響力を失うのです。

自分が浮かべたマイナスイメージ以外にも、この「鼻でフンと笑う」は使えます。

たとえば、誰かに「大丈夫？　なんだか少し顔色が悪いようだけど」なんて、マイナスの余計なことを言われてしまったとき。

本来はあなたを思っているからこその相手の気づかいの言葉なのですが、言われた本人としては、マイナスイメージの影響を受けてしまいかねない、日常によくある会話のひとつです。

「えっ、顔色が悪いのだろうか」と気にし始めると、マイナスのスパイラルにはまってしまいます。

「私は今顔色が悪い」というセルフイメージが、あっという間にあなた自身のものになってしまうのです。そうなると、あなたは心当たりを探します。

「そう言えばなんだか体が重いんだよな」「昨日あまりよく寝られなかったな」と思いながら、そのまま洗面所に直行しようものなら、鏡の中の青白くなった自分の顔に遭遇してしまうことになります。

悪気などない相手の言葉が、マイナスのイメージとなってあなたを不安にさせます。その不安という感情が後押しして、マイナスイメージをあなたの潜在意識に強く浸透させてしまいます。

そうなれば、一瞬にしてそのマイナスイメージ通りのあなたを潜在能力はつくり上げてしまうのです。

こうやってイメージと潜在意識のことを知っていくと、その絶大な影響力に驚くばかりです。だからこそ、その影響力の大きさを怖がってしまうのではなく、自分の願望実現のために最大限使うのが、イメージングというライフメソッドなのです。

ちょっとしたプラスのことは、積極的に「イェス！」して自分の成功グセにしてしまう。もしも、マイナスのイメージがよぎったときは、心配して大騒ぎするのではなく、肩をすぼめて「フン！」と鼻で笑って吹き飛ばすのです。

「小さなイェス！」にしても、「マイナスを鼻で笑う」にしても、イメージングのメソッドは、とてもシンプルですが、効果はとても高くすぐに実行できるものばかりです。

では、もうひとつセルフイメージを上げるメソッドをお教えしましょう。

# 「ごきげんな自分」でチャンスを引き込む

心と体はつながっています。

その人の表情を見れば、心の内側で起こっている感情も、周りの人はわかってしまいます。

気持ちが落ち着かないと、行動はそわそわします。

緊張していると、声がうわずります。

顔の筋肉が緊張と弛緩《しかん》で細かく変化してつくられる表情は、その文字の通り、私たちの感情を表しているのです。つながっている、その心と体を意識的に使いましょう。

私たちは楽しいと微笑《ほほえ》みます。もっと楽しいと笑います。実は、その逆もしっかりと作用するのです。

試しに今、許される限り顔の筋肉を動かしてニッコリと笑ってみてください。どうでしょう。ついさっきよりも少し愉快で楽しい気分になったのではないでしょうか。

私たちは楽しいと笑いますが、この順序を逆さまにして、笑うと楽しくもなるのです。

口角を思いっきり上にあげてニッコリと笑顔になるだけで効き目があります。意外に知られていない、または、ほとんどの人が実践していない即効性のある自分をポジティブにする「ニッコリ笑うと楽しくなる」メソッドです。

さて、このメソッドをもう少し拡大したメソッドもご紹介します。

**「いいことがあると、ご機嫌になり、ご機嫌でいるといいことが起こる」**

という事実です。いいことが起こるまでは、ご機嫌になれない、などという絶望的なルールを自分で持たないようにしてください。そんな人のところには、半世紀待ってもいいことなんてなかなか起こらないものです。

私たちの心は、単純ではありません。コンプレックスという「複雑」を意味した精神的状態を表す言葉があるくらいです。しかし、そんなふうに複雑な一方で、とてもシンプルな面もあります。

私たちの心は、プラスとマイナスを同時に思うことはできないのです。それは前と後ろを同時に見られないのと同じくらい、不可能なことです。

つまり、あなたの心がマイナスのイメージでいっぱいのときは、どんなに頑張ってもプラスのイメージが浮かべられませんし、プラスのイメージで満たされているときに、マイナスのイメージを同時には浮かべられないのです。

ですから、あなたの心をプラスとマイナスのどちらに占拠させるかで、前向きな人生と後ろ向きな人生とが決まってしまうのです。

プラスはどんどん自分のものにして、マイナスは寄せつけないあなたになれば、みるみるうちにセルフイメージは高まっていきます。

そして、その高いセルフイメージのまま、いい感じの自分をいつも維持していけるようになるのです。

本当の欲求が心をよぎるようにさせるには、あこがれの対象となるようなものをどんどん目にしていくことが重要です。

**そのときにセルフイメージが高くないと、「いいな」と感じることが見つかっても、どうせ自分には無理だと、すぐにあきらめてしまいます。**するとく、「エゴリスト」を書くときに、本音が心をよぎってはくれなくなってしまいます。

## セルフイメージを高めてから〝あこがれ〟を探す

高いセルフイメージで、あこがれ探しを今まで以上に積極的にしていきましょう。

まずは、「どんなところに自分のあこがれがあるのだろうか」と思いを巡らせてみましょう。

それは、おしゃれな人たちが行き来する特定の街かもしれません。セレブな暮らしが垣間《かいま》見られる著名人のドキュメンタリー番組かもしれません。ロマンチックな恋愛映画を観に行くのもいいでしょう。本屋さんのファッションや趣味を扱っている雑誌のコーナーをのぞいてみるのもいいでしょう。

せっかくセルフイメージが高くても、いつものルーティンだけを繰り返す日々では、新しい刺激、新しいあこがれとは出逢えません。

あなたにとってのあこがれは、どこから見つけてきてもいいのです。

意外なところで出逢うこともあります。意図的に探しに行っても見つからない場合もあります。しかし、私のカウンセリングの経験から言わせていただくと、いつかは見つかるだろうと、のんびり構えているよりも、あこがれを見つけたいという積極的な姿勢がとても大事なのです。

探している人が見つけられる。こう言い切っても過言ではありません。

漫画の主人公でもいいのです。小説の中の人物でも。とにかく、何かしらのライフスタイルや考え方やポリシーやファッションに触れるたびに、「これって、自分としてはどうだろう」と、自問してみたり、直感で「ステキ！」と、感じたりする瞬間に意識を向けるようにしましょう。

あなたのセルフイメージが高ければ、**「今の私は、なりたい自分さえ見つかれば、どんな理想も実現できる！」**という感覚であこがれ探しができます。

これからの自分への期待感で毎日が楽しく、どんどん新しい刺激を自分に与えたくなるでしょう。

そうやって、ちょっとした様々な「いいな！」をどんどんあなたの潜在意識にインプットしていきましょう。

すると、毎朝の「エゴリスト」の時間に、そのときのあなたの本音の「いいな！」がイメージとなって心をよぎるのです。

それを毎日繰り返していくと、いつの間にかフェードアウトして出番のなくなる「いいな！」と、頻繁に出てきては、ますますそのイメージがふくらんで残っていく「いいな！」とに分かれていきます。

そうして出続けふくらんでいくイメージこそが、あなたの本当の欲求、あなたが人生の時間を割いて叶えていくべき大切な願望となるのです。

さあ、準備はいいですか。

いよいよ次の章から、毎日の「エゴリスト」の具体的な書き方をお教えしていきます。

第5章

# 奇跡を起こす願望の書き方

## 毎日3つのことを書くだけでいい

# 書くことは3つ

さあ、「エゴリスト」を書き始めましょう。実際の「イメージングノート」は、いくつかのページに分かれていて、本書で紹介するのは、毎朝、心によぎる自分の欲求を書き出していく**日課となる「エゴリスト」のページ**。

1カ月ごとにまとめていくことで、自分の本音が見えてくる月ごとの**「チェック マイ エゴ」のページ**。

この章では、ズバリ「イメージングノート」の核となる自分のエゴを書き出していく「エゴリスト」ページについて実践的に話を進めていきましょう。

先の章でも述べましたように、潜在意識に願望のイメージをインプットするには、早朝の夜明け時間が一番効果的です。

私たちの脳は朝目覚めてから2～3時間が冴《さ》え具合で言うゴールデンタイムと言われています。だとすれば、その上をいく潜在能力にとっての最適な時間帯はプラチナタイムと言えます。

仕事や家庭の事情で、なかなかその時間帯に起きることが難しい人も当然いると思います。でも、私はあえて強くおすすめします。

これから潜在能力を引き出し、最大限の自分で幸せな人生を築いていこうと思っているなら、そのためにより効果的なやり方があるのに、何かの理由でそれを断念するのは、大変もったいないと思うからです。

私は潜在能力活用をテーマにカウンセリングをし、25年の試行錯誤《しこうさくご》の結果、自信を持ってあなたに「エゴリスト」をすすめています。

短期間でもいいですから、試しに早朝の「エゴリスト」タイムを確保してみてください。

太陽の光に刺激を受けて、肉体と脳と潜在意識が一番効率良く活動的になる時間。予定のギリギリまで寝ていて、寝起きとともに仕事に出かけるというのは、実はとても非効率的な自分の使い方だと言えます。

最適な活動時間に、満員電車にゆられているのでは、自分の能力をムダにしてしまいます。食材の一番おいしく、栄養のある部分を切り捨てて、料理をつくろうとしているのと同じです。

潜在意識は、リラックスしているときにイメージを受け取ります。そして、いい緊張感のときに、そのイメージを現実化するための能力を発揮してくれます。

夜明けのプラチナタイムに、心によぎる本音のエゴを書き出していきましょう。

巻末の特典につけた音源は、本書のために制作したオリジナルのイメージングメディテーションです。「エゴリスト」を書いた後に聴くことで、あなたの心をリラックスさせ、思い込みや決めつけを取り払うことができ、新鮮な本音の欲求を潜在意識にインプットしやすくします。1日に何度聴いても構いません。聴けば聴くほど、あなたの潜在意識への働きかけが良くなっていくでしょう。

ただし、深いリラクゼーションに浸ることになるので、車の運転中などは、ひかえたほうがいいかもしれません。

リラクゼーション効果に加えて、心の状態がポジティブにもなれます。イメージングメディテーションは、聴いているだけでちょっとした悩みは解消し、心のモヤモヤもいつの間にか晴れてしまうことがほとんどです。

自分のこれからに期待感が増していきます。

書き始めの取っかかりとなるのが、自分のエゴを引き出す問いかけです。

## What do I want?　自分は何を欲しているだろう?

この大きな問いの下に大切な3つの単語が続きます。

have　何が欲しい？
do　何がしたい？
be　どんな自分になりたい？

## have　何が欲しい？

What do I want to have?　何が欲しい？　は、文字通りあなたが手に入れたいものです。わかりやすく言えば所有欲、物欲です。

世の中では断捨離がひとつのブームになっていますが、そんなことはあまり気にしないでください。

ブームだから自分も身軽な暮らしを目指すのではなく、いろいろと手に入れてみたけれど、その結果シンプルライフが一番だ、とあなたが思ったときに断捨離すればいいと私は思います。欲しいものは欲しいのです。

## ●エゴリストページの例

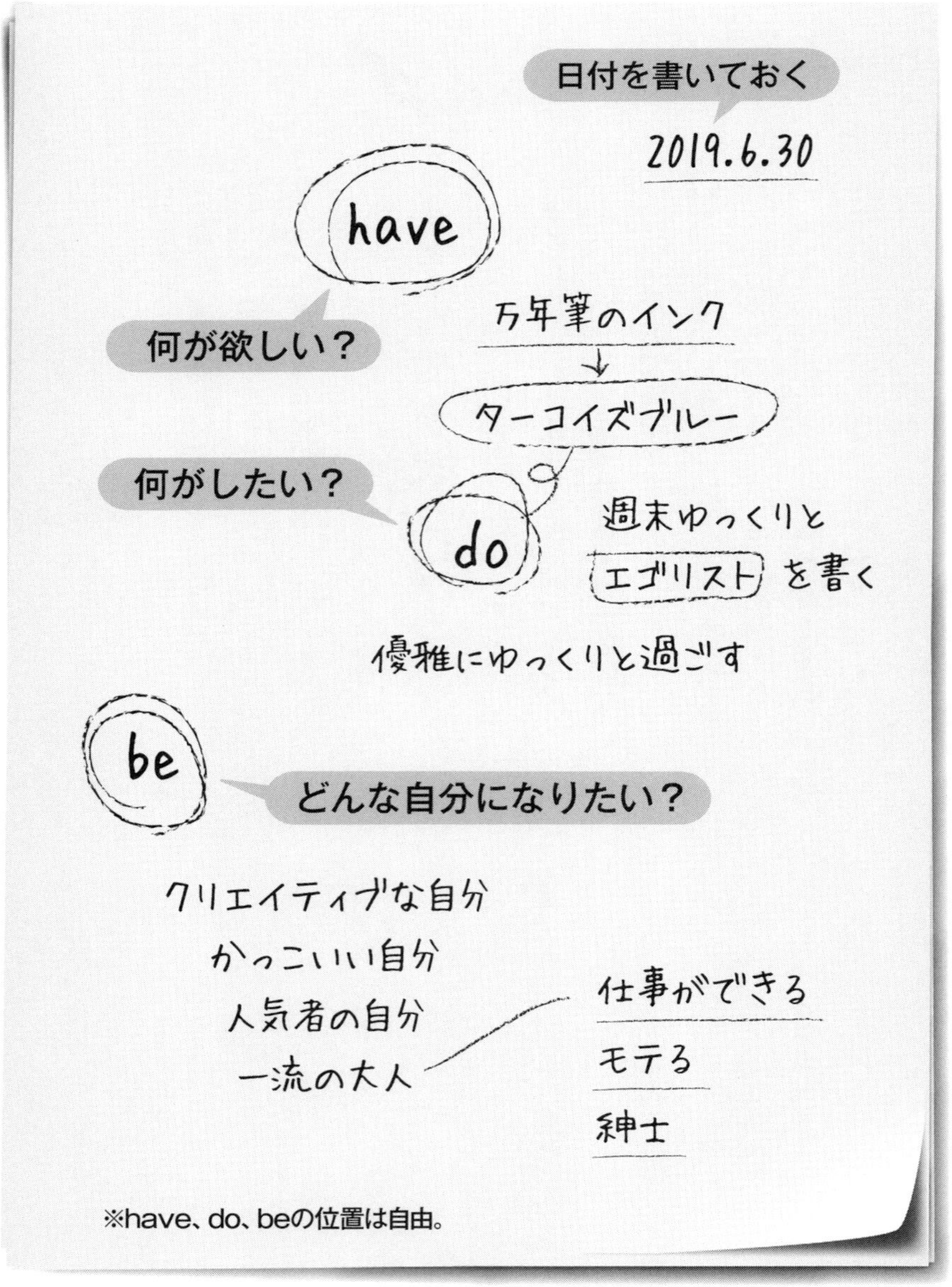

日付を書いておく
2019.6.30
have
何が欲しい？
万年筆のインク
ターコイズブルー
何がしたい？
do
週末ゆっくりと
エゴリストを書く
優雅にゆっくりと過ごす
be
どんな自分になりたい？
クリエイティブな自分
かっこいい自分
人気者の自分
一流の大人
仕事ができる
モテる
紳士
※have、do、beの位置は自由。

## ●ジョイ石井が書いた直筆エゴリスト

ただし、買えそうなものを衝動買いしてムダなものに囲まれてる暮らしは、あなたを幸せにはしてくれませんから要注意です。

ムダなものでいっぱいの暮らしをしている人は、自分が本当に欲しいものを知らないまま生きてしまっている人なのです。

そんな人は、特に「エゴリスト」を書くべきです。

物欲は悪いことではないと私は思っています。

問題なのは、それを本当に欲した上で自分のものにしているかどうか、ということです。**買えるから買うのと、買いたいから買うのとでは、手に入れたものが全然違ってきます。**何か欲しいものがあるなら、買ってもいいのです。

ただし、それを本当に欲しているかどうかをしっかり吟味することが大切なのです。「エゴリスト」をつけていると、ムダづかいがなくなります。これは幸せになることの必須項目のひとつです。有限の人生で、ムダなことは極力ないほうがいいのです。

いくら欲しいものだからといって、日常の生活必需品を「エゴリスト」に書く必要はありません。「エゴリスト」は、買い物リストではないのです。

ただし、少額だとしても生活必需品でないものは、「エゴリスト」でしっかり見極めてから手に入れましょう。

それは、たとえば万年筆のインクひとつでもそうです。万年筆のインクもピンキリで値段も様々ですが、たいていは２０００円前後です。２０００円が今、財布の中にあるとしましょう。今すぐにでも買いに行って手に入れることはできます。

でも、実はインクがなくなって困っているわけではありません。今使っているインクはまだ半分残っているのです。

でもあなたは、雑誌の特集で万年筆の良さを再認識して、あらためてもっと万年筆を使って「エゴリスト」も書きたいと思いました。

この気持ちの勢いで、インクをひとつ増やそうと思うのは自然な流れかもしれません。しかし、ここで文房具の専門店にそのまま足を向けてはダメです。それでは衝動買いになってしまいます。

この気持ちの勢いで浮かんだ欲求こそ、次の日の朝の「エゴリスト」に書いて熟成させるのです。

万年筆のインクが欲しいのは、「私の本当の欲求なのだろうか」ということを追求しましょう。本当に欲しいものなら、もっともっとその欲しい気持ちを高めるのです。

もしもそうではないなら、次の日にはもう欲求として万年筆のインクはよぎらないかもしれません。

たまたま読んだ雑誌の特集で、そのとき気持ちが煽《あお》られただけかもしれないのです。

自分の本当の気持ちを確かめられるのが「エゴリスト」です。

いくら欲しいものを次から次へ手に入れられたとしても、それらが本当にあなたの欲しいものでなければ、あなたを幸せにしてくれるモノでも、行為でもなくなってしまいます。

「エゴリスト」を書き続けながら、もうこれ以上我慢できないくらいまで盛り上がってください。

「昨日読んだ雑誌の特集で、インクが欲しくなった」としたら、まずは「エゴリスト」に「万年筆のインク」と、ドーンと書きましょう。そこでイメージしてみます。

新しいインクを購入して、机の上には2瓶のインクがある。今朝はどっちの色のインクで自分の願望を書いていこうか。そんなふうに考えるとワクワクする。

毎朝の「エゴリスト」の時間が、さらに楽しくなるだろう。待てよ、次のインクを買うとしたら、何色がいいだろうか。

雑誌で目にとまったのは、ブルー系とブラウン系。

そこで、「ブルー系？ ブラウン系？」と「エゴリスト」に書いてみる。今、使っているのはスタンダードなブラックだから、特集の中で一番気になった色、ターコイズブルーがきれいでおしゃれかもしれない。

そこですかさず「ターコイズブルー」と書きます。

もしかしたら生まれて初めて「ターコイズブルー」という色の名称を書いたかもしれません。自分が万年筆で書いたその文字をあらためて眺めます。

ブラックとターコイズブルー。それぞれの色を使い分けて「エゴリスト」を書いているところをイメージしてみます。

時々、2色が混ざり合って濃いブルーになったり。グラデーションがかかって不思議な色合いのインクで書かれた自分の願望。

それは普通のサインペンで書いたよりも、ボールペンで書いたよりも、鉛筆で書いたよりも、または、普通の黒インクの万年筆で書いたよりも、なんだか潜在能力を刺激して、願望が実現しそうな気がしてきます。

ターコイズブルーのインクを手に入れた自分のイメージを広げれば広げるほど、ワクワク感が大きくなっていきます。

明日の「エゴリスト」を書くときに、もう一度、心に「ターコイズブルーのインク」がよぎるようなら、本当に自分は欲しがっているかもしれない。そうしたら、思い切って買いに行こう。

明日の仕事は定時に上がれる予定だから、会社の帰りに銀座に寄って手に入れよう。そこまでイメージしていくと、さらにワクワクしてくるでしょう。

このあたりで一度万年筆を置きます。インクひとつのイメージで十分盛り上がりました。

買おうと思えば、いつでも買えてしまえるものに、どうしてここまでイメージを広げる手間暇をかけるのでしょうか。

こうして「エゴリスト」で、本音追求のふるいをかけることで、**買えるから買ったインクではなく、本当に欲しいから手に入れたインク**となります。

「エゴリスト」を通すことで、単なる文房具のひとつでしかなかった物が、あなたのセルフイメージを高める特別なアイテムとなるのです。

気に入った音楽ＣＤでも、スマホのケースを交換するときでも、アクセサリーを買いたいと思ったときでも、ワンランク上のワインを家でゆっくりと飲みたいと感じたときでも、これからは「エゴリスト」でふるいにかけましょう。

単なる品物が、あなたの手に入る頃には、すべて特別な想いのこもったセルフイメージを高めるアイテムとなるのです。

# ●欲しい物に特化したジョイ石井の直筆

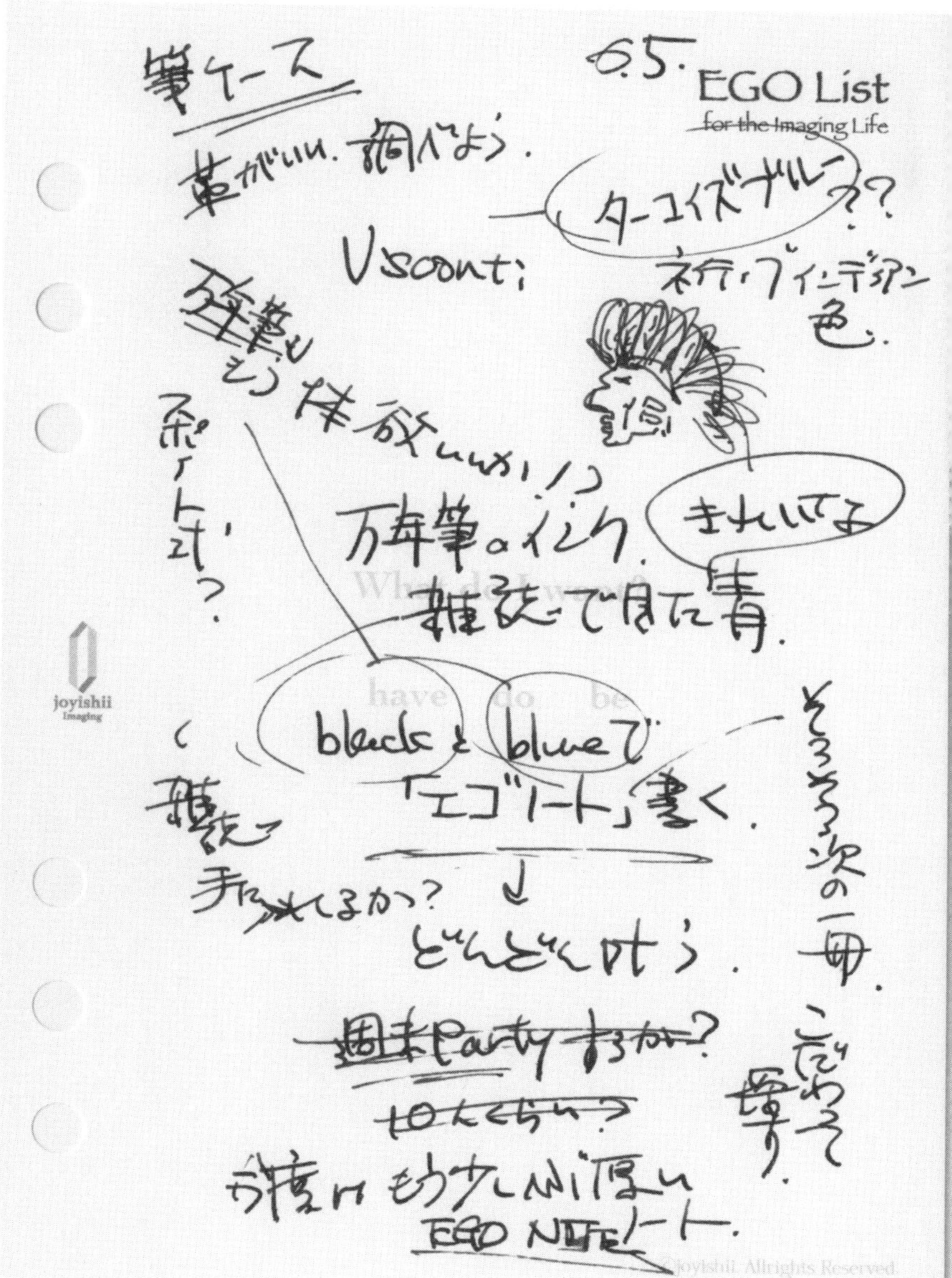

# do　何がしたい？

**What do I want to do?　何がしたい？**　は、あなたが今、挑戦したいと思っていること、以前にあきらめてしまっていたことであらためて挑戦してみたいと思ったことなど、どんなことを書いてもいい。

特に、何かに挑戦しなければならないわけでもありません。今週末こそ、ゆっくりくつろいで体を休めたいという思いでもいいでしょう。

その場合、たとえば「今週末は、ゆっくり休む」と、「エゴリスト」にまず書きます。そこから、「ゆっくり休む」ことについてイメージを自由に広げていくのです。

あなたにとって「ゆっくり」とはどんなイメージなのか。

ゆっくりとは、時間を気にせずいつまでもベッドの中でゴロゴロしていることを表しているのか。時間に縛られることなく優雅にブランチするイメージなのか。

それとも、溜まっている録画した番組や映画を心置きなく観て過ごすイメージなのでしょうか。

こうやってイメージしている中で「優雅に」というキーワードがポッと出てきたとします。

すると、今度は「優雅に」のイメージを追求していきながら、自分のワクワク感を探していくといいでしょう。

「優雅」というイメージを広げていくと、夜景の見えるホテルのレストランで食事をするイメージにいき着き、どのホテルがいいだろうかという具体的なイメージへと展開します。そのとき、一緒に行く相手の喜ぶ表情や、ゆれる街の明かりの美しさへと広がり続けるかもしれません。

または、全く逆に、「ゆっくり休む」のイメージにはワクワクしたのだけど、「優雅」のイメージはあまり浮かんでこなくて、ワクワク感も消えてしまうという場合もあるでしょう。

だとしたら、あなたにとって「今週末はゆっくり休む」という欲求に、「優雅さ」はあまり重要ではなく、もっと優先すべき大切なポイントがあるということになります。

こんなふうにして、たとえ「ゆっくり休む」というどちらかというと何もしないという行為についても、「エゴリスト」で積極的に最大限の自分の幸せのために、あくまでもエゴを追求していくのです。

そうやって「エゴリスト」で「ゆっくり休む」というイメージを広げていくと、週末が近づいてくるにつれて期待感は大きくふくらみ、仕事のモチベーションともなります。

週末の休みのことを考えるだけで、あなたの心は満たされます。大きな楽しみが待っているのです。そうした盛り上がりは、あなたのポジティブな感情です。

先にも書いたように、感情のともなったイメージは、強烈に潜在能力に影響を与えます。

つまり、あなたは「エゴリスト」で「ゆっくり休む」ことを最大の幸せのひとつとなるよう、潜在能力を使って行なう態勢となるのです。そうなると、もうただの週末ではなくなります。

仕事をしていないから休んでいる、というレベルの休みではなくなるのです。

ニュアンスの問題ですが、「何もしない」だけの消極的な無の行動のただ休むではなく、「心からゆっくり休むぞ」というより積極的な有の行動となるのです。

# ●やりたいことに特化したジョイ石井の直筆

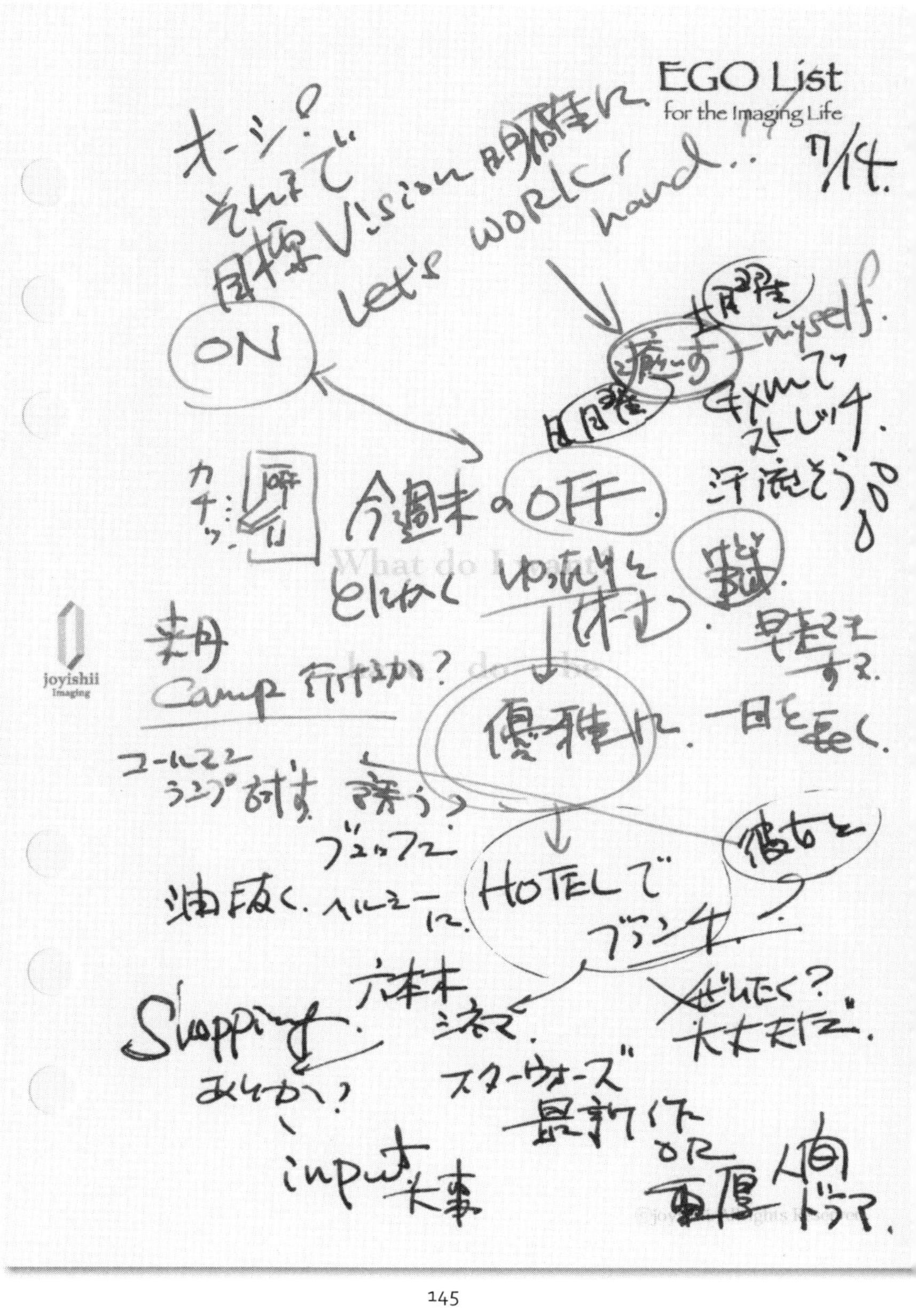

# be　どんな自分になりたい？

What do I want to be?　どんな自分になりたい？　は、なりたい自分に対する欲求です。「あこがれるとしたら誰だろう」「誰みたいに生きたいかな」「今までどんな人に興味を持っただろうか」という問いかけを自分にしてみてください。

対象は社会的に立派な人、有名人である必要はありません。漫画のキャラクターでもいいですし、お世話になった学生時代の担任の先生でもいい。極端に言えば、実在していない、あなたの想像上の人物でも構いません。

あなたの心によぎる、本音の「ああなりたい」という欲求の対象となるような人物像であればいいのです。

その人の豊かな暮らしにあこがれている場合もあるでしょう。その人の性格、たとえばストイックさが格好いいという理由であこがれるのもありです。

ビジネスの面から見た成功者、すごく理想的な恋愛をしている著名人、自分が活躍したいと思っている分野で、すでに名を成している優秀な先輩にあこがれることもあります。または、全く分野や業種が違う人にあこがれても構いません。

たとえば、ビジネスパーソンが野球選手のイチローのあの集中力にあこがれるのも「エゴリスト」ではとても有効です。

男女にかかわらず、分野の違いにかかわらず、いろいろな世界の人たちのそれぞれの「いいな！」を多面的に捉え、「どうなりたい？」の答えとして心によぎるといいでしょう。

反対に、たったひとりの特定の人物に、しっかりフォーカスした「あの人みたいに生きたい」というあこがれを抱くのも当然有効です。

ここでちょっと応用編として、私の実際にあった話を披露しましょう。あなたのあこがれ探しのヒントになればと思います。

以前、カウンセリングでクライアントのご自宅にお邪魔したとき、少し早めに着いた私は応接室で待っていました。クライアントがいらっしゃるまでの間、私はそこにあった分厚い写真集を見ていたのです。

それは、「トム・フォードの写真集」でした。当時、グッチのデザイナーとして有名だったトム・フォードの写真集です。

多くのハリウッドスターたちとファッションショーで肩を並べて写真に写っている

トム・フォードや、彼の自宅や別荘で撮影されためずらしい写真も並んでいました。ベッドルームの壁には大きなアンディ・ウォーホルの作品がかかっていました。

高級感満載でいて、センス抜群の挑発的でセクシーでおしゃれな写真が続きます。その中で、私の目がひとつの写真に釘付けになったのです。

それは、ファッションショーの最中に、バックステージで着替えるスーパーモデルたちの合間で、タキシードの蝶《ちょう》ネクタイを外し、衣装チェックに眼光鋭いトム・フォードが空になったトールグラスを持っている写真でした。

その中で私を引きつけたのは、裸同然のスーパーモデルたちでもなく、タキシードの格好良さでもなく、トム・フォードの鋭い目力でもありませんでした。それは、トールグラスを持つトム・フォードの右手。

トム・フォードのグラスの持ち方にひかれたのです。

しぼられたライムと溶けた氷の入った空のトールグラスを、横からではなく、上からつかむように持ち、その持ってる右手がだらりと下がっているのです。

なぜか私は、その形に一目ぼれしてしまいました。「いつかこんなふうに格好良くトールグラスを持てるようになりたい」と強く思いました。

トールグラスなんて、今すぐ上からつかむように持ってみればいいじゃないかと思

## ●なりたい自分に特化したジョイ石井の直筆

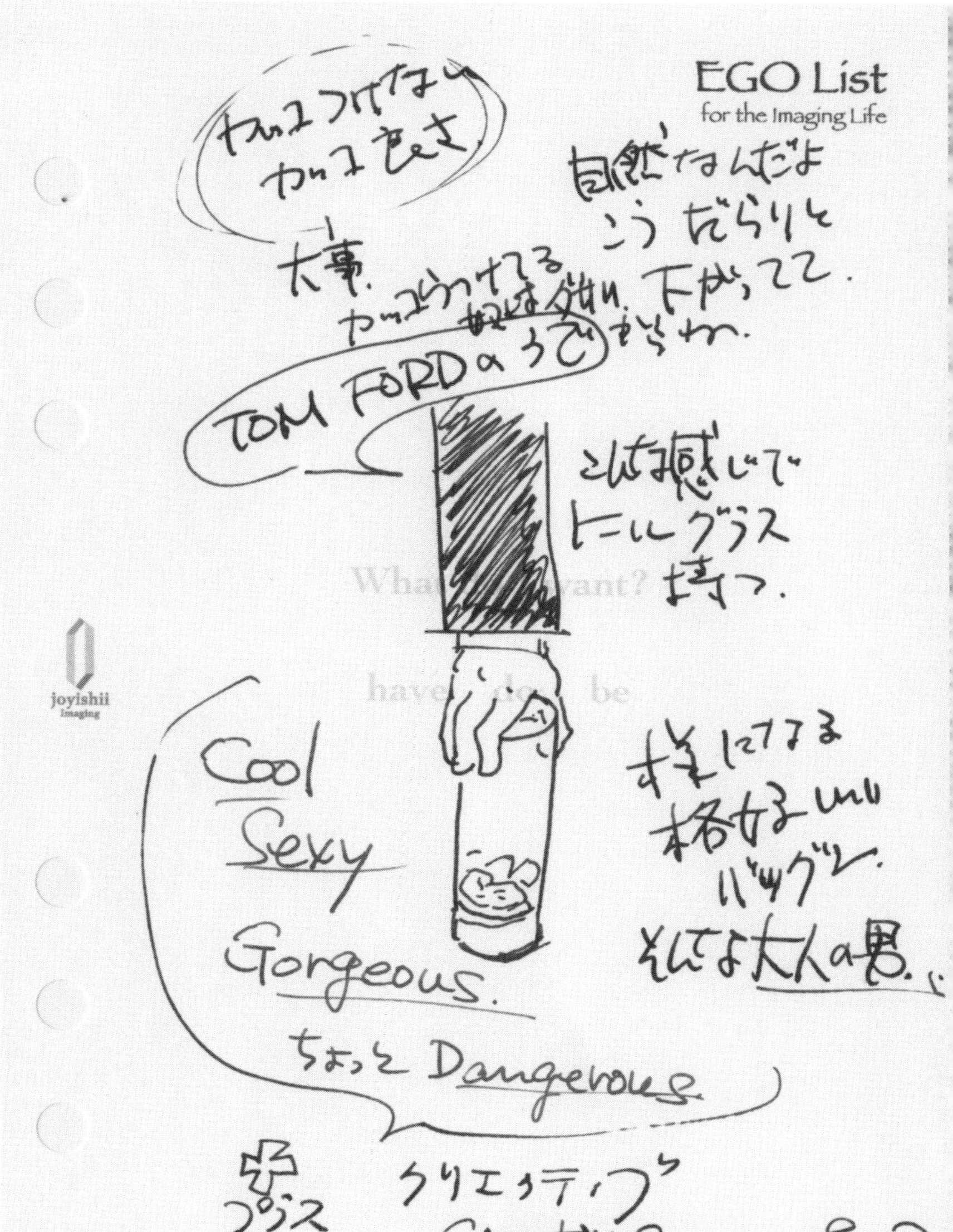

う人もいるかもしれません。

確かに、トールグラスはいくらでも持てます。そのときの私でもできることでした。でも、私の心が反応した欲求は、「こんなふうにトールグラスを持ってもサマになるような男になりたい」だったのです。

大切なのは、これをしても絵になる自分。

そんな振る舞いが板についている自分。それが格好つけではなく、自然体の自分になることなのです。

こんなふうに、人物そのものにあこがれる必要もありません。私も特にトム・フォードにあこがれているわけではありません。

あくまであのトールグラスの持ち方が絵になる、サマになる一流の大人こそ、私のあこがれる「あんなふうになりたい」という願望のなりたい自分像なのです。

# まんざらでもない期待感でイメージする「奇跡が起きちゃったりなんかしちゃって」

こうして文章にしていくと少しめんどうに思われてしまうかもしれませんが、要は「欲しいモノ」「したいこと」「なりたい自分」を自問しながら、そのとき心によぎるモノや事をありのままにどんどん書いていってください、ということです。

間違っても、買えそうなモノや、できそうなことや、なれそうな自分から、欲求や願望を探さないでください。

イメージするのは自由です。心で何を求めようとも自由です。しかし、いつの間にか私たちは、高望みをしないような生き方をしてしまっています。

そもそも手に入らないようなモノは、最初から望まないほうが賢い生き方だというように。でも、それは間違っています。

私たちの潜在能力は、あなたの心によぎる本当の欲求を叶えるために存在しているのです。

手に入る保証は100%ではありませんが、少なくとも、あなたさえ本気で求めるなら、潜在能力はそのための最大限の能力を引き出して、なんとしても願望を叶えようとします。

絶対に無理だ、あり得ない、と思われていたようなことが、誰かの手によって可能になっています。それは間違いなく、その人たちが本気で求め、潜在能力を活性化させて可能にしてきたのです。

「奇跡よ、お願い、起こってください」と懇願《こんがん》的にイメージングすればするほど、その願望実現のハードルは上がってしまいます。

なぜなら、あなた本人がそれを奇跡的なことだと認定してしまっているからです。難易度もあなたのイメージに従って、奇跡レベルにまで上がってしまうのです。

「奇跡が起きちゃったりなんかしちゃって」とイメージングしましょう。

**まんざらでもない期待感でイメージングすると、奇跡はあなたのものになります。**起こり得るレベルに難易度のイメージを下げられるので、その気になりやすいのです。

そもそも奇跡を起こすのは、本来潜在能力の得意なところでもあるのですから、あなたの抱くイメージ次第で、その願望実現の可能性は大きく変わってくるのです。

できるかできないかよりも、本当にそれをしたいのかどうかに、もっと意識を向けて毎日を過ごしていきましょう。

高いセルフイメージを維持しながら、「いいな！」と感じるものをたくさん見つけていきましょう。

それらを毎朝の「エゴリスト」に書いてみるのです。ワクワクしてくれれば、そこからイメージを広げます。

特に心が動かないようなら、それ以上考えたり、イメージしたりすることもしなくていい。

そうやって少しずつ自分の本音が見えてきます。

自分の心が求めているものが明らかになれば、その求めているものを手に入れるための人生にしていくのです。そこに幸せがあります。

幸せは頭で理解するものではなく、心で感じるものです。だから、どうしたら幸せになれるだろうと、頭ではなく、心で感じるのです。

# 努力せずに「気づいたら自分が変わっていた」が理想

毎日「エゴリスト」をつけると同時に、もうひとつ大切なことがあります。

自分の変化に気づくことです。

「エゴリスト」で自分の本当の願望が明確になってきて、毎朝ワクワク感とともに1日をスタートできるようになってくれば、必ず潜在能力が動き出します。

ここで大事なのが、**動き出した潜在能力の働きによるちょっとした変化に気づけるかどうか**なのです。

不可能を可能にしてしまうほどのパワーを持つ潜在能力ですが、最初の最初、初めの一歩は、とても小さかったりします。

当の本人があまり意識していないところで変化が起きる場合があるので、一見地味に感じてしまうときもあります。

でも、本人だから、自分が変化していることに気づきづらいだけで、地味なのではありません。

以前、私はテレビの企画で、「高所恐怖症の女性をイメージングで、秘境のつり橋を渡れるくらいまで改善させる」というチャレンジをしたことがありました。

高いところに行くと、吐き気がしてしまうほどの極度の恐怖症でしたが、一度だけその女性のカウンセリングをしました。

その1週間後のつり橋に挑戦するまでは、イメージングメディテーションのCDを毎日聴き続けてもらいました。

本番当日。テレビのスタッフや私は少し緊張気味でした。果たして本当にその女性の高所恐怖症は改善されているのか。

もちろん自信はありました。「高いところがダメなのが私」というセルフイメージを書き換えれば、高所恐怖症ではなくなるはずなのです。

しかし、人の心に、絶対はありません。私たちの心はレントゲンに写らないどころか、体のどこに存在しているのかすらわからないのですから。

いよいよそのときがきました。その女性は「それでは行ってきます」とひとこと言うと、サッサとつり橋を渡り切ってしまったのです。周りは驚きました。

大歓声がわきましたが、当の本人はキョトンとした表情のまま、つり橋の向こう岸にいました。

こんなにまで大きな違いが自分に起こったにもかかわらず、セルフイメージ自体が書き換わってしまうと、もともと自分はこういう人間だったのではないかという錯覚をしてしまうのです。

以前の記憶がなくなってしまうというわけではありません。

本書のタイトルにもある通り、イメージングでセルフイメージを書き換えると、本人の努力している自覚がほとんどないまま、無意識（潜在意識の別名です）に自然に自分が変わってしまうのです。

私たちは、自分で努力して何かを達成したときは、目いっぱい自分の変化をアピールします。払った努力が報われたいという欲求があるからです。

しかし、自分では努力した覚えはない。特に何かをしたつもりもない。それなのに変化しているときは、なかなかその変化を素直に認められないものなのです。

実は、自分の頑張りを認めてもらいたいのは、潜在意識も同じです。認めてもらいたい。褒めてもらいたいのです。

「エゴリスト」で見つけた願望に向けて少しでも自分の何かが変化したときは、すかさずそれを見つけて潜在意識を褒めてあげてください。ここでも「小さなイェス！」が有効となります。

「あれ？　もしかしたら、これって変化の表れかな」と、少しでも感じたら、「イェス！」してください。

「気のせいだろう」と厳しい評価を自分に下しがちですが、それは良くありません。

成功者は、そういうときの自分への評価が早いのです。

「おや、これってもしかして潜在意識の働きかな。イェス！」

すかさず「イェス！」です。

「もしかして、これは変化では」と気になったら、「気のせいだ」と片づけてしまうのではなく、「そうかも」と潜在意識のおかげにしてあげる。

これこそまさにイメージングのメソッドのひとつ「自分をその気にさせる」の極意。

**潜在能力を活性化させるなら、「やる気よりもその気になる」ことです。**

第6章

# 休日明けに「今週の活躍」をイメージする

## 先延ばしをやめて、すべてがやりたいことになる

## 「今週のメインイベントはいつ？」

「イメージングノート」は、心をよぎる欲求を書き出していく毎日の「エゴリスト」ページと、その書き溜まった1カ月分の統計をチェックして自分の本音に気づいていく、月に一度の「チェック　マイ　エゴ」のページと、大きく2つに分かれます。

「エゴリスト」を日々書いていることで、リアルタイムに気づく自分の本音もあります。一方で、ある程度書き進め、1カ月分くらい溜まってから、それをあらためて振り返ることで気づけるより深い本音もあります。

これこそ、「エゴリスト」を書いていくことの大きな醍醐味《だいごみ》のひとつです。

月一で統計を取っていく「エゴリスト」の応用方法は次の章で詳しく説明します。

実は、週単位としての「エゴリスト」にも、ちょっとしたコツがあります。

人によって1週間の始まりの曜日が違っていたりします。自分は月曜日から新しい1週間が始まるというイメージで生活している人もいれば、土日が一番忙しくて次の月曜日が毎週のお休みとしている人は、火曜日が新しい週始めのイメージになるでしょう。

要するに、休み明けの仕事始めの日の朝におすすめしたい「エゴリスト」応用編です。

**週始めの朝は、いつもの倍の時間を使って「エゴリスト」を書きましょう。**

その日1日の自分のイメージにプラスして、その週の自分の活躍しているシーンなどを週単位でイメージしてみるのです。

まずはいつもの三大自問「何が欲しい？」「何がしたい？」「どんな自分がいい？」に答えて書き出していきます。

この自問に対して心によぎるイメージや想いを、自由に「エゴリスト」に書き出していくのです。

その中でワクワクしてくるような瞬間があれば、その場に少しとどまって、そのイメージを発展させたり、ふくらませたり、広げたりして、自分の中のワクワク感が少しでも大きくなるあたりを探ってみます。

とめどなくイメージとワクワク感が一緒に広がって展開すれば大成功ですが、毎回そうなるわけでもなく、なんとなく「今日はもう広がらないな」という感覚があれば、そこでいったん三大自問は終わりにします。

次に、自分の手帳やスマホのカレンダーなどで、ここから始まる1週間のスケジュールをざっと眺めてみます。

そして、こんなふうに意識し、イメージしてみてください。

「今週の自分の活躍どころは、どのあたりだろう？」

活躍どころをわかりやすく言えば、ボクシングの試合で、前座の試合がいくつか終わった後に、いよいよその日の目玉タイトルマッチが行なわれる際にアナウンスされるフレーズ「本日のぉ～メインイベントぉ～」です。

「今週の自分のメインイベントはどれになるかな？」とイメージしてみてください。

ボクシングの試合と違うのは、メインイベントがいくつあっても構わないところです。「今週はメインイベントだらけだ」という週があってもいいのです。

メインイベントは、あなたが自由に選んでいいもの。その条件はひとつだけです。

自分の1週間の予定を眺めたときに、ワクワクドキドキする予定です。

大きな顧客となる可能性のある相手にプレゼンをする会議のアポイントかもしれません。いよいよ告白するつもりのデートの約束かもしれません。

もちろん、毎週のことですから、いつもそんなに特別なことでなくてもいいのです。

毎週常に約束しているデートでも、あなたをときめかせてくれるなら当然常連のメインイベントでしょう。

仕事で成功するか否かの大きな山場であったり、自ら企画して楽しみでしかたがないホームパーティーだったり、見続けてきたドラマのいよいよ最終回放映日であったりもするでしょう。

とにかく今週の予定をあなたが先取りイメージしたときに、ワクワク、ドキドキしてしまうことを、メインイベントとします。そのイベントのイメージを少しの間、広げたり、ふくらませたりしてみましょう。

その週の自分のメインイベントのイメージが広がると、それがモチベーションとなって、1週間のいいスタートが切れます。

日々いろいろと想定外のことが起きたとしても、あなたの意識がメインイベントに向いていると、必要以上にあたふたしてしまうこともなく、あなたとあなたの潜在意識は、自分の見せ場となるメインイベントに向けてその能力を結集していきます。

もちろん、そうした週単位のモチベーションが日々のモチベーションにも良い影響を与えます。日々の1日1日を近視眼的な見方だけで眺めていたら、変わりばえのしない日常でも、週単位の少し遠視眼的な見方で眺めてみると、ワクワクドキドキの1週間となったりするのです。

## ある意味〝無責任なイメージ〟で昨日を断ち切る

週単位の「エゴリスト」を吟味し終えたら、高まったモチベーションのまま今日1日の自分のイメージもしてみましょう。

**「今日はどんな1日になるかな」**
**「今日はどんな1日にしようかな」**
**「今日はどんな自分でいこうかな」**

特に最後の「どんな自分でいこうかな」という問いかけは、大切です。

「どんな自分で」と言われても、自分は自分だし、そう日替わりで変われるものじゃない、と考えてしまう人がいるかもしれません。

しかし、それは大きな思い込み。昨日の自分と今日の自分が同じというのは、大きな錯覚であり、大間違いなのです。

今朝起きたときからの、今日の自分を形成している細胞たちのほとんどは、昨日の自分を形成していた細胞たちと同じかもしれません。

だからといって、昨日と今日の自分は同じに決まっているとは言えないのです。肉体のすべては細胞の集まりでできています。

でも、私たちが日々を生きるというのは、もっと意識的なエネルギーの働きであり、その意識は本当は、もっと自由で柔軟なのです。

昨日の自分がすごくネガティブな意識で過ごしていたからといって、「今日の自分も引き続きネガティブな意識のままで目覚めなければ自分ではなくなってしまう」ということはないのです。

昨日は1日ネガティブだったけど、夜寝る前までになんとか「小さなイェス！」で、気分を上げて寝ることができた。そのおかげで、今朝は目覚めからポジティブな気分の自分でいていいのです。

## Tomorrow is another day!

明日という日は、いつだって今日とは違う新しい別の1日です。

その新しい別の1日を今まさに始めようとしているあなたは、昨日とは違うあなたでスタートを切っていいのです。

そのために、「エゴリスト」があるのです。毎日、毎朝、あなたの人生をさらにより良く生きるための仕切り直し計画書なのです。

「エゴリスト」を通じて自分の潜在能力を引き出していくと、本当に自分にはまだまだ可能性があるんだ、という実感を得られます。それは、人生で最高の喜びとなる贈り物と言えるでしょう。

もしも反対に、今が人生のピークで、もうこれ以上はない。あとは、能力が低下していくだけで、この先の自分にはなんの可能性もない。

こんなことを事実として突きつけられたとしたら、私たちには絶望しかなく、一体何を期待して、何を目的に生きていけばいいのでしょうか。

「今日は、とにかくスマートな自分でいこう」

「愛される自分の意識でいきたい」

「今日は、いつもどんなときも格好いい自分でいくよ」

こんなふうに今日1日の自分を自由に、ある意味無責任にイメージの中で設定してあげましょう。

**そうなれるかどうかは一切気にしないことです。**

あなたをワクワクさせてくれるここからの自分をイメージするのが、「エゴリスト」で幸せをつかむポイントです。

「エゴリスト」に書き出す願望は、気休めや現実逃避の妄想をただ無責任に書いているわけではありません。

「エゴリスト」は、自分の気持ちをよく吟味し、自然淘汰されて残っていく最終的な本音の欲求を見極めて、それを潜在意識へと伝えていきます。

「エゴリスト」は、潜在意識への的確な指示書なのです。

「今週の自分はこんな感じでいくね」
「ここが一番の見せ場だから、そこで最大のパフォーマンスを」
「そんな１週間のうちの今日１日は、こんな自分でいきたいな」

こうした欲求が心によぎるようになると、「エゴリスト」も、より実践的効果を上げて、あなたの人生を次々と変えていく魔法のような威力を発揮してくれるでしょう。

# 克服はNG！　苦手なことが得意に変わるタスクとご褒美のつなげ方

「イメージングノート」には、「エゴリスト」の活用法として、まだいくつかのとても効果を発揮する使い方があります。

そのひとつが、タスクとご褒美をつなげる活用法です。

「エゴリスト」の「何が欲しい？」という問いかけで心によぎる物欲をどんどん書き留めていって、本当に欲しいものを見極めていくということはすでに述べました。

ここで紹介する活用法は、「エゴリスト」で見極めた自分が欲しているモノを、自分へのご褒美として設定してあげるのです。

あれば便利とか、一応買いたいと思っているレベルの物欲では不十分です。

「エゴリスト」に書き続けられる厳しい審査をクリアした真の物欲だからこそ、あなたの行動の高いモチベーションを引き起こすご褒美として最適なものになるのです。

あなたが普段からつけているタスクリスト（やらなければならないことリスト）の

中で、なかなか着手できていないものを動き出させるのにとても有効です。

あなたのタスクリストには、ご褒美などなくてもどんどん進めていけるものもあるでしょう。でも、やらなければいけないと重々承知しているにもかかわらず、なんとなく後回しにしてしまっているタスクもあるはずです。

後回しにしてしまう原因の最も代表的なものが、苦手意識です。

この苦手意識こそセルフイメージなのです。あなたにも、割と積極的にこなせる得意なことがあるでしょう。その反対に、なんとなく後回しにしがちな、苦手意識の高いものもひとつやふたつあるはずです。

実はこの得意意識も苦手意識も、以前にそれをしたときの印象がそのままセルフイメージとなっています。たまたまうまくいって、それを高く評価してもらえたり、うまくできなくて、それを批判されたりといった、過去の自分の経験に対する印象によるだけなのです。

苦手意識のまま嫌々やれば、余計にうまくいきません。得意意識で前向きに取り組めば、さらにうまくできます。これを繰り返すことで、**得意や苦手が強烈なセルフイメージとなって、あなたに定着してしまっているのです。**

得意意識はとても良いことですが、苦手意識はないほうがいいでしょう。

この正体がセルフイメージである限り、私たちはそのイメージを自由に変えられます。

今までどんなに苦手だったことも、そのことに対するイメージを変えてあげれば、その苦手意識から解放されるのです。イメージングでは、苦手意識を克服したりはしません。

**「克服する」という言葉やイメージはタブーです。**

なぜなら、「苦手を克服」というイメージを持っている限り、それは本来なら「苦手なことだ」というセルフイメージが書き換わらないのです。

苦手を克服してどうにか大丈夫になったというレベルの進歩ではなく、前は苦手だったけど、「今は大の得意、それをするのが今では一番楽しい」くらい意識を大きく変えてしまいましょう。

よく子ども時代は大嫌いだった食べ物が、いつの頃からか大好物になってしまったという話を聞きます。

あれは突然味覚が変わったのではなく、その食べ物と自分との関係のセルフイメージが変わったから起こる変化だと言えるのです。

# 苦手意識を消し、先延ばしをやめるには？

話が少し脇にそれましたので、本題に戻しましょう。

「エゴリスト」をどのように活用すれば、あなたのタスクリストが常にスッキリとクリアな状態を保てるのか。

やらなければいけないとわかってはいても、つい後回しにしてしまいがちの、いつもリストに残ってしまっている苦手意識のあることを、次々と片づけていけるメソッドをご紹介します。

「エゴリスト」で見つけたあなたが本当に欲するモノを、苦手意識で後回しにしてしまっていることを片づけられたときのご褒美として設定します。

苦手意識のあることをただやろうとしているときは、いかにそれが難しいかという、ネガティブなイメージが先行してしまっています。これでは当然やりたくなくなってしまいます。しかし、これからはこんなふうにイメージしてみましょう。

やらなければいけないことを嫌々しているイメージではなく、その欲しかったモノをご褒美として手にしている自分のイメージをしてみるのです。

それを手に入れたときのイメージは、「エゴリスト」で、十分ふくらんでいます。ですから、それが手に入ったらどんなに嬉《うれ》しいだろうという感覚はイメージの中で、すでに何度もリハーサルしているのです。

「ぜひとも手に入れたい」というモチベーションが上がったところで、最初にすべきことをしている自分をイメージするのです。

苦手意識があるくらいですから、最初にしなければならない作業内容は、なんとなくわかっていたりします。

それ自体が億劫《おっくう》だと感じてしまうからこそ、後回しに、先送りにしてしまっているのです。

たとえば、前章で書きました私の欲しいもの「ターコイズブルーの万年筆のインク」を、何か苦手意識で先送りしているタスクを実行したご褒美にしてあげます。

2000円前後で買えるものですから、わざわざご褒美にしなくても今すぐ買うことはできます。

ネット通販でも買えるものなので、ポチッとワンクリックすれば明日には手に入れることも可能でしょう。でも、それでは潜在意識は働いてはくれません。

せっかく欲しいものが見つかったのだから、それをただ手に入れてしまうよりも、それをご褒美としてモチベーションアップの道具にしてしまうのです。

そうすると、ただ欲しいものが手に入るだけでなく、先送りしていた苦手意識の強いタスクまで速やかにクリアできてしまえるのです。

しかも、うまく潜在能力の動員までできたら、それはもう苦手なことではなく、得意なことにもなってしまうでしょう。

## セルフイメージを書き換えて苦手を減らし、得意を増やす

順序立てて整理してみましょう。


あなたの「タスクリスト」で後回しにしている苦手意識のあることをひとつ選ぶ。

「エゴリスト」から、あなたが本当に欲しているモノをひとつ選ぶ。

その欲しいモノをご褒美として手に入れたところをイメージする。

ワクワクするその感覚をしばらく楽しむ。

それを欲する気持ちがさらに増してくる。

その欲求を満たすためなら、苦手なことでもさっさと片づけてしまおうと、そのタスクに対するモチベーションが高まる。

そのモチベーションのまま、具体的にそのタスクの最初の作業に着手している自分をイメージする。

そのイメージが潜在意識に届くと、なんだか早く着手したくなってくる。

それをやり遂げるだけの能力が引き出されてくる。

思ったよりもスムーズに作業が進んでいく。

最初のうちは、ご褒美のために作業しているけど、次第にその作業自体がおもしろくなってくる。

楽しんで取り組んでいるから、うまくできてしまう。

苦手だったことを楽しんでやれてしまっている時点で、それはすでに苦手なことではなくなっている。

うまくできたことで、好印象が持てる。

自分への約束通り、晴れてご褒美を手に入れる。

ご褒美を手に入れて嬉しい感情と、楽しんでできたという新事実が、今までのセルフイメージを書き換える。

苦手だったことが、それ以降、得意なことのリストへと加えられる。

こうした流れで、タスクリストの項目をどんどん片づけていけると、**あっという間にあなたの苦手意識リストの項目は激減し、努力の意識もなく、得意なことリストがどんどんふくらんでいくことになります。**

## 相手からのアポは自分のためのアポにする

苦手意識のある後回しにしがちなタスクを、楽しみながらクリアしていける「エゴリスト」の応用編としての活用法が、もうひとつあります。

**向こうから依頼のあったアポを、最大限自分のためのアポにする方法**です。

「ちょっと相談があるので、ぜひ会いたい」と相手からアポイントの要望があったとします。このときに、請われるままに空いているスケジュールを渡していてはいけません。

少しでも自分を必要としてくれる人がいるのならとアポイントを入れていくと、なんとなくスケジュールも埋まっていって人生が充実していると錯覚してしまいます。

しかし、潜在能力を使う真の成功者は、そんなことはしないのです。それでは、自分の時間を他人に使われるだけで、貴重な人生を自分のために使えなくなってしまいます。

私は25年以上、潜在能力をいかに使うかをテーマにカウンセリングをし、そのためのメソッド「イメージング」を構築してきました。

**潜在能力は、私たちの誰にでも備わっています。**

あなたの潜在能力は、あなたの人生の幸せのために存在していますし、そのためにこそ使うべきものです。

ですから、他人の要求するアポイントをそのまま受けていては、そのアポイントの主催者は、相手側であってあなたではありません。

相手は、あなたと会うことをいろいろとイメージングしていますが、あなたには会いたいという欲求が相手ほどありませんから、積極的にイメージングしてアポイントに臨まないことになります。

これでは、そのアポイントを充実させるために、あなたの潜在能力は働いてはくれないのです。そこで「エゴリスト」の出番です。

相手からあなたに会いたいというアポイント要請が入ったとします。そこですぐに空いている候補日を渡してしまってはいけません。

スケジュールの調整のために、少しだけお時間をいただきましょう。

そして、あなたのタスクリストにアポイントの相手の名前を書き込んでください。次の朝、「エゴリスト」のページを開いて一通り自分の心によぎる欲求を書き終わったら、タスクリストからアポ要請の相手の名前を「エゴリスト」に書きましょう。そして、イメージするのです。

**「果たして自分はこの人と会ったら、どんないいことがあるだろう」**

最初のうちは、ピンとくるものが何も浮かばないかもしれません。しかし、それを何度か繰り返していると、

「そう言えば、自分が今必要としている案件の関係者とつながりがあるようなことを以前言っていたな。紹介してもらえるかも」

「ここで会うことは、必ず何かしらの気づきやメリットが待っているはずだ」

などと想えたりします。たとえ、そんなにはっきりと利益になるようなことではなかったとしても、

「ずっと張りつめて仕事をしていたから、このタイミングでこちらの仕事とは全く関係のない人と会うのがいい息抜きになるかも」

「このアポが、いい刺激になって、ちょっと行きづまっていた今の自分の活路が見出

せるかも」

というように、まるで違う視点で「自分のほうこそ、ぜひ会いたい」という気持ちを少しでも引き出してみましょう。

他人のために動いてはいけないと言いたいのではなく、いかに自分の潜在能力を使うかの工夫をしましょうと言いたいのです。

潜在能力は、あなたの事前のイメージがどれだけあるかで、その先の働きが断然違ってきます。

相手に請われるままに、自分の意思のないところで行動していても、潜在能力はあまり働いてはくれないのです。

こちらが会いたくなるまで、相手を待たせておいてもいいと、言いたいわけでもありません。

わかっていただきたいのは、**これからあなたが行なうすべてのことは、少しでも事前にイメージングして臨むほうが、潜在能力はより良い結果を出すために力を発揮してくれますし、気が乗らないまま努力して何かをしなくても良くなるのです。**

そのより良い結果とは、あなたが事前にイメージングした理想のイメージが基準となります。

そのためにも毎朝の「エゴリスト」と向き合う時間に、ここからの自分をイメージしていくことを、何よりも大切な幸せのための習慣としていくことが肝心です。

## 潜在能力は、いつもあなたの願望を叶えたがっている

潜在能力は、誰の中にも存在しています。例外はありません。

その潜在能力はいつでもあなたの願望を叶えたいという欲求に応えようと準備万端で待っています。

潜在能力は、必要とされない限り、どんなにあり余るパワーを秘めていたとしても、融通を利かせて発揮したりはしてくれません。あなたが求める結果に必要な能力しか与えてはくれないのです。

毎朝の「エゴリスト」で、あなたの本当に求める願望を明確にしましょう。それをイメージングメディテーションで、潜在意識に確実に伝えましょう。

あなたの求める理想のイメージを受け取った潜在能力は、そこから動き始めます。

前の章で説明した通り、最初は些細な変化であなたの意思確認をしてくる場合があります。

「今までとは向かうベクトルが違っているけど、本当にこの方向でいいのか」と確認してくるのです。

「エゴリスト」に書いた「なりたい自分」に向けての些細な変化が、自分の内外に起こります。昨日と同じ自分の意識では、見落としてしまうかもしれない、変化の初めの一歩はとても小さなものかもしれません。

でも、その変化を見つけて「イェス！」と認めていくと、潜在能力は確信を得て、変化の速度や大きさを増していくのです。

結果の有無ばかりにこだわっていると、かえって結果が出づらくなるときがあります。それは結果が出ないと、すぐにあきらめてしまうか、文句やグチになってしまうからです。それではネガティブなイメージングをしていることになってしまいます。

もちろん、結果が欲しいから「エゴリスト」も書くし、イメージングもします。でも、本当の願望が見つかって、それをイメージングしているときは、結果にこだわるよりも、その結果を心の底で信じている状態が一番理想的です。

結果だけにこだわるのではなく、**結果が出るまでのすべての過程もエキサイティン**

グで楽しめるはずなのです。

イメージを受け取った潜在能力が動き始めてから、実際の結果が出るまでには、多少の時差が生まれます。その時差は、それまでのあなたがどんなイメージを自分に与えてきたかなどの影響を受けるのです。

それまではマイナスイメージばかりを自分に与え続けていた人が、突然超ポジティブに方向転換したら、今までとは真逆のイメージのために、潜在意識も最初のうちは混乱してしまうのです。

しかし、おもしろいことに、かえって真逆だからこそ、今までにない純粋なイメージングができて、思いのほか早く結果を出せてしまったりする場合もあります。

たとえば、様々なダイエットを試してきた経験者のほうが、知識も経験も豊富だから成果も出せそうに思えますが、その度にリバウンドして失敗した経験も同時にイメージングしてしまいがちです。

ダイエット初挑戦という人のほうが、一切のマイナスイメージを抱かず素直に挑戦できるので、結果を出すのも早かったりするのです。

本当の願望が見つかり、それを本気で求めながらイメージングしていけば、結果が出るまでの過程も楽しめて、努力もいりません。

遠距離恋愛で好きな相手のもとへ会いに行くのに、努力しているという意識はないでしょう。その長旅さえも愛を育む特別な時間となるでしょう。すぐに会いたい。けれど、そうはいかないからこそ、思いが募るわけです。

あなたと本気の願望との関係も、恋愛と同じです。

潜在能力を使ってなりたい自分になるとは、未来の自分に恋することであり、その自分に会いに行くことなのです。

## いいことも悪いことも、〝自分の受け取り方しだい〟だと知る

私は長年のカウンセリング経験で知ったことがあります。

**この世の中には、嫌なことなんてない。そして、すてきなこともない。**

真実です。

存在するのは、それを嫌と感じるあなたか、すてきだと感じるあなたの、どちらかがいるだけです。

いい人も嫌な人もいない。その人を好きになるか、嫌いになるあなたがいるだけです。その人自体はいい人でも、嫌な人でもないのです。おいしい食べ物もまずい食べ物もないのです。

その食べ物が自分の好みに合うか合わないかで、好き嫌いを言っているだけ。あなたがまずいと思っている料理を、おいしいとおかわりしてしまう人もいるのです。

事実は、一輪の花が存在しているだけで、その花はきれいでもみすぼらしくもない。その花を見た人の感じ方が違うだけです。

そんなことは当たり前のことだと思うかもしれません。

でも、この真実を本当にわかっていないからこそ、あれが嫌だ、これが嫌いだと、めんどうな自分を抱えて、自ら生きづらくしてしまう人が多いのです。

すべてを好きになって、受け入れましょうと言いたいわけでは決してありません。

この事実を知った上で、自分の好き嫌いを見直してみると、意外に気が楽になったりします。

私のことで言いますと、何か嫌いな食べ物が出たときに、それを誰かがおいしいと食べていたら、私は悔しくなります。

自分はまだ、その食べ物のおいしさに気づけていないんだ、と思うからです。

第7章

# 月一の行動分析でスムーズにやり抜く

努力せずに行動力は強まる

## 自分の行動を分析するための「チェック　マイ　エゴ」の力

前章でも触れましたが、毎日の心によぎる欲求を書き留めていく日々の「エゴリスト」ページと、そうして書き溜まった1カ月分の自分の欲求を統計的に振り返って見てみる応用編のページがあります。

この章では、統計的に自分をチェックしていくことで、いよいよ**本格的に自分の本当のエゴを明確にする「エゴリスト」活用術**をご紹介しましょう。

実際の「イメージングノート」には、この活用方法をそのままシステム化した「チェック　マイ　エゴ」というページがあります。

3種類の「チェック　マイ　エゴ」がありますが、その詳しい説明は後ほどすることにしましょう。

ここではその基本となる1カ月分の統計を取ることについて書き進めていきます。

## 統計で情報とチャンスを引き寄せる

統計を取ることで自分の本音の欲求に気づくというのは、もともと私自身のちょっとした経験から見つけたものです。

前にも述べた通り、カウンセラー駆け出しの頃の私は、たったひとりのクライアントしかおらず、残りのあり余る時間をつぶすために、カフェに陣取って１日中アイスコーヒー１杯で大学ノートに自分の願望を書き出していました。

わかりやすく言えば、妄想に浸ることで、時間をつぶしていたわけです。

あるとき知り合いの先輩が私の大学ノートを見て、あまりにも好き勝手な欲求や願望でどのページも埋まっているのにあきれて、「欲求欲望ノート」と言ったことがキッカケとなって『エゴノート』という名前が誕生したことは前に書きました。ここからはそのあとの話です。

私はそのとき初めて自分が書き続けてきた「エゴノート」をあらためて読み返して

みました。確かに、自分でも少しあきれました。

その先輩が指摘した通り、どのページをめくっても、「格好良くアウトドアがしたい」「大型犬をジープに乗せて山に行こう」「ラブラドールレトリバーが欲しい」「コールマンのランタンと寝袋をGETする」と、そんな願望ばかりが書かれていたのです。

正直に告白すると、ほんの少し「名カウンセラーで予約がどんどん入ってくる」という記述もありました。

しかし、それはあくまでアウトドアを満喫するための守り立て役としての願望という感じで書かれていたのです。

「ひっぱりだこの名カウンセラーの僕は、たまの休みに愛犬と山にこもり、満天の星の下、焚き火の前でギターを弾いたり、文庫本を読んだりして、都会の喧噪《けんそう》から離れ、心をリフレッシュしてる」

というように、実に格好良く、好き勝手なイメージをいろいろな書き方で、来る日も来る日も、ページのいたるところに書いていたのでした。

自分の書いた自分の欲求を、初めて読み返したとき、私は恥ずかしさでいっぱいになりました。

でも、ページをめくっていくうちに、別の感情もわいてきました。それは、書いていたときと同じように、ワクワクしたのです。

**その願望を書いていたときの自分を思い出すというより、書いていたとき以上にそのイメージがリアルに目の前に広がってきたのでした。**

同じ内容のことを書いてはいましたが、ページが進むにつれてイメージが具体的になり、さらにふくらんでいきました。

それに合わせてワクワク感もどんどん大きくなっていったのです。感覚的には、もうジッとしてはいられない。今すぐにでもアウトドアキャンプに出かけたい。大型犬もペットショップへ見に行かなくてはという気持ちになりました。

私は、そのまま大学ノートを閉じて店を出ました。私の足は、ジープが多く展示してあった中古車ディーラーのお店に向いていたのです。

特別、車に興味があるわけではない私でしたが、お店に行って気づいたのは、それなりにそれぞれのジープの種類や特徴をわかっていたことです。

いつの間に詳しくなったのだろうと、自分でも少し驚きました。

これは毎日「エゴノート」に、アウトドアとジープについて書き続けてきたことで変わっていたのです。

私の願望イメージを潜在意識が受け取り、ジープを街で目にするたびに、新聞の折り込み広告にジープが載っているのを見るたびに、無意識のうちにそれらの情報を取り込んで詳しくなっていたのです。

あなたもこれから「エゴリスト」を書いていくと、こうした現象を何度も経験することになるでしょう。

**「エゴリスト」は、潜在意識への指示書です。**

「私はジープを手に入れたい。だから、どんどん情報を集めて」と、潜在意識に指示を与えているのです。

潜在意識はその指示に従って、情報集めのために、大きなアンテナをどこまでも高く、どこまでも大きく広げ、ありったけの情報収集に励んでくれます。

中古車のお店で、私はお気に入りのジープを見つけました。

すぐに買える金額ではありませんでした。でも、感覚的にはそのジープはもうすでに私のもので、図々しいですが、そのお店に少しの間停めさせてもらっておくくらいのイメージができていました。

次の日から仕事がそれまで以上に楽しくなり、モチベーションも高く、何をしていても心に励みができました。

「どんどん仕事がうまくいって、あのジープを晴れて自分のものにできて、大型犬のラブラドールも飼って、いつ頃休暇を取ってキャンプに行こうかな」

こうイメージしては、ワクワクしていました。でも、そのときの私はまだたったひとりのクライアントしかいないわけですから、休暇を取るも何もいつでもスケジュールは空いていたのです。

しかし、そこから潜在能力が魔法のごとく働き始めたのです。

そのひとりのクライアントからさらに2人の知り合いをカウンセリングにと紹介していただき、自分の妻と娘のカウンセリングも頼みたいとも言われました。

なんと一気に4人もクライアントが増えてしまったのです。数週間すると、新規の2人からもまた別のクライアントを紹介していただきました。

しかも、全員が年契約を希望されたのです。そこから私のカウンセラーとしての実績がどんどん積み上がっていきました。

気がつくと私は、最初のジープ、パジェロにイエローラブラドールを乗せて、山梨県道志の森で、念願のアウトドアライフを満喫できていました。

満天の星の下で愛犬ラブ（ラブラドールのラブというなんのひねりもない名前をつけてしまいました）と焚き火の前でくつろいでいたときに私は、全身に鳥肌が立ちました。

「あれ？　これってイメージしてたことだ」

「エゴノート」に願望を書いていただけで、私は特に営業努力もしていません。ですから、実際に願望が実現したことも、あまりにも自然すぎてそれまで気づかなかったのです。

そこから私の「エゴノート」との向き合い方が変わりました。そして、月終わりには必ずノートを見返すようになったのです。

逆にそれ以外のときは、一度もノートを見返さないというのも、重要です。

日々の「エゴリスト」を書いているときは、できるだけまっさらな気持ちで自分の心と向き合うべきです。

「昨日は何を書いていたっけ」などと読み返すと、昨日という過去の自分に影響を受けてしまいます。ノートを見返すのは、あくまで月に一度でいいのです。

## 登場する言葉をカウントすると本心がわかる

私は月に一度の見返しで、あることに気づきました。

どんどん具体的にイメージがふくらんでいく願望と、数回書かれただけでそれ以降全く登場してこない願望があるのです。

そこで試しに統計を取ってみました。「エゴリスト」の脇にメモ用紙をおいて、正の字でそれぞれの欲求が心によぎった頻度を数えてみたのです。

そこで明らかになった自分のエゴの傾向にがく然としました。

私の心の未熟さをさらすようで恥ずかしいのですが、立派で耳当たりの良い願望はすぐに消えてなくなり、自己中心的な遊びの欲求がほぼ毎日のように登場し、そのイメージはふくらむ一方だったのです。

「名カウンセラーとして人の役に立ちたい」「社会に貢献する」というような世のため人のためになる立派な願望は、正の字ひとつ分で終わってしまっていました。

反対に「アウトドアをしたい」「ジープが欲しい」という、遊びや物欲の願望は、正の字が見事に6つ。

場合によってはそれ以上あったり。つまり、ひと月の間、毎日心によぎっていたことになります。

自分の本音を目の前に突き出された私はこう感じました。

私利私欲ばかりでダメな自分に反省するというよりも、なんだか観念できたのです。

そうかぁ、自分は本当に格好いいアウトドアを満喫したいんだな、と。

誰かに見せるわけでもないのに、無意識に体裁を取り繕って、見栄えのいい願望を書いてしまっていた自分にも気づきました。

これは、私だけに起こった虚栄心ではないことが「イメージングノート」が広く使われるようになってわかりました。

他の多くの人も、「エゴリスト」を書き始めのうちは、人に見られても恥ずかしくない立派な願望を書く傾向がありました。

毎日、来る日も来る日も、自分の心によぎる欲求を書き続けるのが「エゴリスト」の一番の特徴です。毎日自分の心と向き合うことで、自分の本音が見えてくるのです。

「これが叶えたいことだ」と自信を持っていた願望が、自分でも気づかないうちに偽の願望になってしまうことは、あまりめずらしくもなく私たちに起こり得ることなのです。

問題なのは、「エゴリスト」を書き続けていかないと、そのことに永遠に気づけないまま、偽の願望を抱えて生きていくことになるということです。

「名カウンセラーとなって人の役に立ちたい」と書いたときも、私はワクワクしました。

これは誓って嘘ではありません。

## ●欲求の登場回数を正の字でカウントしてみる

アウトドアをしたい　正正正

人生のパートナーと出逢う　正正一

ジープが欲しい　正正

売り上げを伸ばしたい　正正下

プレゼンばっちり大成功　正正正

ピアノを弾きたい（弾けるようになる）
正正正正正正正

LET IT BE を弾く　正正正

⋮

「そんなふうになれたらすてきだろうな」と、心に広がったイメージに感動しました。でも、次の日にはもう「名カウンセラー」というイメージが、私の心によぎらなかったのです。

「名カウンセラーで人の役に立つ」も私の心によぎった本音です。

しかし、その願望がそれ以降あまり心をよぎらなかったというのも、私の本音なのです。

この本音を自覚できるのが、「エゴリスト」を毎日書き続ける理由のひとつでもあります。月に一度見返して、頻度を正の字でカウントする統計の効果なのです。

## 言葉がたまると、それは、行動に変わる。

私のエゴの正の字は、アウトドアとジープだけではもちろんありませんでした。

「ピアノで弾き語りしたい」という欲求も、実はたくさんの正の字で明らかになりました。

そのころの私は、「エゴリスト」を家の近くのカフェで1日中書いていましたが、大好きなビートルズやビリー・ジョエルの名曲が店内に何度となく流れました。

「LET IT BE」「Hey Jude」「Honesty」などは、日に一度は必ず聴いていたのです。

そのたびに、「やっぱりピアノはいいな。ギターは多少弾けるけど、ピアノのほうが格好いいな」と、私はうっとりしながら「エゴリスト」に「ピアノが弾けるようになりたい」と書いていたのです。

「格好良くアウトドア」「ピアノの弾き語りは格好いい」など、私にとって「格好いい」はとても大事なキーワードのようでした。

格好つけたいのではなく、格好いい生き方やあり方に心をひかれていたのだと思います。

こうして自分が大事にしている価値観やキーワードと出会えることも「エゴリスト」を書く効果です。

「LET IT BE が弾きたい」「Hey Jude をピアノで歌う」「Honesty の弾き語り」という具合に、途中から私の書き方が、漠然と「ピアノの弾き語り」ではなく、曲名を関連させて書くようになっていました。

ピアノに関する正の字が50個以上になったくらいのとき、私は覚悟を決めました。

「よし、そんなにもピアノで弾き語りがしたいなら、ピアノを習いに行こう」

たくさんの正の字を目にして、私は思い出したのです。子どもの頃に何度となくピアノにあこがれたことを。仲良しの友だちがピアノを習い始めたと知ったときのあのうらやましい気持ちを。

アメリカに住んでいた頃、ホームパーティーでピアノを弾いている人を見て、オシャレで格好いいなと見惚《みと》れていた自分を思い出しました。

子どもは、自分の意思で勝手に習い事を始めることはできません。でも、大人になった自分なら自分の責任のもと、誰にも遠慮せずにやりたいことをしていいはずです。

そんな当たり前のことに、私はそのとき気づきました。そして、自由を感じました。

「そうか、自分さえその気なら、ピアノだって習いに行っていいんだ」

私はピアノを習い始めました。一切の迷いなくです。

**「エゴリスト」の正の字が、忘れていた子どもの頃からの願望や欲求を明確に教えてくれたのです。**

満たされることなくずっと我慢してきた自分の欲求を、今こそ叶えてあげていいのです。

そのためには当然お金もかかります。でも、こんなにも明確に見えた自分の願望のためなら、いくらでも仕事を頑張れます。

他を節約してでも、とにかくピアノを習いに行くという、行動力とアイデアがどんどん私の中に生まれてきました。

潜在意識に明確なワクワクの欲求が伝わると、このように行動力とアイデアがわいてきます。これが、能力の引き出しです。

そして、その願望実現に必要な情報とチャンスを引き寄せてもきます。これが引き寄せなのです。

私はめでたくピアノレッスンに通い始めました。潜在能力を引き出しての習い事なので、とても楽しく、上達も早かったと思います。

ただし私の願望は、ビートルズの2曲とビリー・ジョエルの1曲を弾けるようになりたいというものでしたから、ピアノの先生にも最初にその旨を伝えました。

基本的な運指《うんし》の練習を終えると、恐れ多くも私はいきなりそれらの名曲に挑戦していったのです。

普通にチャレンジしていたら、無理だったかもしれません。でも、私には潜在能力という最強の味方がついています。私は見事にその3曲をマスターしました。

# 成功の順番を決めつけていないか？

仕事一筋のAさんは、大手企業で出世したエリートビジネスパーソン。

私のカウンセリングを受けにいらしたときは、絶対的な自信を持って独立し、自分の会社を立ち上げてから1年が過ぎた頃でした。

もっともっと活躍できるはずなのに、なぜか自分の意欲がいまひとつ盛り上がっていかないことに、漠然と悩んでいました。

いろいろな話をしましたが、私はとにかく「エゴリスト」をすすめました。

1カ月して再びカウンセリングしました。悩みがかえって深くなってしまったようだと、Aさんは少し恨みがましく私に訴えてきました。

話をよく聞いてみると、「エゴリスト」を言われた通り書き始めた。ところが、仕事のことを書くと、そこで思考が止まってしまう。

心に何もイメージがよぎらなくて、かえって落ち込んでしまったと言うのです。そして、こう付け加えました。

「あるときふと、パートナーが欲しいと思ってそれを書いたら、次の日から、仕事のことを書きたいとすら思わなくなってしまった。これでは不本意です」

そのパートナーについては、その後どんなふうに書いていっているのですかと私が聞くと、「それは書いていないです」との答えでした。

「それは自分の求めているものとは違うから。自分はあくまで、仕事をもっとうまくいかせたくてエゴリストを書いているのです」とおっしゃったのです。

「エゴリスト」の一番の目的は、自分の本音と出会うことです。私たちの潜在意識は、本音の欲求にしか反応してくれないからです。

現状の都合や、体裁をつくろうための、うわべの願望や欲求をいくら並べても、潜在意識が反応してくれなければ、「エゴリスト」は、ただのメモになってしまいます。

潜在意識が反応して、潜在能力を引き出してくれるからこそ、不可能と思えることが可能となり、どんな夢も叶えてしまえる魔法がかかるのです。

**頭で考えた「何が必要」「何をすべき」「どうあるべき」ではなく、心で感じる「何が欲しいか」「何をしたいか」「どうなりたいか」があなたの潜在能力を引き出します。**

頭で考えた願望を実現しても、私たちは幸せにはなれません。あなたの心で感じる本音の願望を実現するために、潜在能力は出番を待っています。潜在能力は幸せになるための力なのです。

私はAさんに究極の選択を迫りました。

「仕事はうまくいっているけど、パートナーがいない独りの人生と、最愛のパートナーはいるけど、仕事は今ひとつの人生と、どちらかひとつを選べるとしたら、あなたはどうしますか」

バリバリの仕事人間のAさんのことですから、当然仕事を優先しそうです。しかし、Aさんは真っ赤な顔をして、最愛のパートナーのいる人生を選びました。

なぜ、プライベートの欲求があぶり出されることに抵抗があるのかと聞きました。

「自分でもよくわからない。たぶん、前の会社を辞めたときに、自分の会社を絶対成功させないと、失敗したと思われてしまう。それが今でも怖いのかもしれない」

と正直に答えてくれました。

私は、潜在意識と本音のエゴの関係を話し、Aさんの本当の願望をイメージングメディテーションで、潜在意識にインプットしました。

カウンセリングが終わったときは、憑《つ》き物が取れたようにスッキリした顔になってAさんは帰っていきました。

それから1カ月後。Aさんはルンルン気分でカウンセリングに現れました。

結婚を前提にしたすてきな彼女ができたのです。そして、仕事もどんどん上向きになっているというのです。

「エゴリスト」を書くことで、**頭で決めつけていた「こうあるべき」から解放されました。素直に自分の心と向き合えるようになったことで、本当の願望が潜在能力を刺激するようになった**のです。

その結果、本当に求めているものが手に入り、セルフイメージもモチベーションも高まって、他のあらゆることもうまくいき始めたのでしょう。

それまでのAさんは、幸せな人生を送るためには、まず仕事で成功しなければならない。それができてから、次に良いパートナーと出会う。そして、幸せな家庭を築ける。

そんなふうに、幸せになるための順番を頭で決めてしまっていたのです。

幸せになるには、仕事を成功される必要があるという決めつけのルールが自分の中に出来上がっていたのです。

これでは、本気で仕事を成功させせたいのとは違います。

## 縦線を引くと「自分が欲していたこと」が見えてくる

毎日「エゴリスト」を書きながら、自分の心と向き合います。それを少し俯瞰《ふかん》で、全体を統計的に見直してみることで、自分の本音が淘汰《とうた》されていくことに気づけるようになります。

本当の願望さえ見つけることができれば、もうこちらのものです。感情のともなったイメージにこそ潜在意識は強く反応しますから、その願望のイメージをふくらませながら「エゴリスト」に書き続けていくことが、そのままあなたの潜在意識を刺激して、願望実現に必要なだけの潜在能力を引き出してくれるのです。

「エゴリスト」に書き溜まった願望を、1カ月分見返してみて統計を取ることの意味とその効果を、わかっていただけたと思います。

ここからは、実際の「イメージングノート」に付いている3種類の「チェック マイ エゴ」を説明していきましょう。

まずは、「今月の自分が欲していたこと」を書きます。

最初に、ノートの真ん中に縦線を引いたページをつくりましょう（207ページ図）。縦線の**左側が「プライベートのこと」、右側が「仕事のこと」**というふうに分けます。

そして、1カ月分の書き溜まった「エゴリスト」を見返してみて、自分の心に何が何回よぎったのかを、正の字で数えていってください。1カ月の統計を取っていくのです。

その際、一つひとつの自分の欲求を、プライベートと仕事に分別していきます。

たとえば、「アウトドアに行く」は休日のことですから「プライベート」の欄に書きます。

「必ずカウンセリングのリピートが入るような名カウンセラーになりたい」は、「仕事」の欄へという具合に振り分けていきます。

同じような項目は、正の字でカウントしていきます。1カ月分の心によぎったものを大きく2つのカテゴリーに分けるのです。

一通り終わったら、一度そのページの全体を少し離れて眺めてみましょう。

一つひとつの項目にどんなものがあったかをチェックするよりも、遠目から森全体を見るように眺めるのです。

自分の今月の欲求は、真ん中の縦線より、左側に集まっているだろうか。

それとも、右側ばかりが隙間《すきま》なく埋まっているだろうか。

または、左右バランスよくほぼ同じくらいの分量の欲求が分布しているだろうか。

この「チェック　マイ　エゴ」は、今月の自分が欲していたことが、仕事寄りなのか、それとも遊びなどのプライベート寄りなのかに、自分で気づくチェックシートです。

どちらかに傾いていたほうがいいとか、バランスがとれているほうがいいということはありません。

これはあくまで自分自身の気づきのためのチェックシートです。自分の1カ月を評価することが目的ではありません。

でも、このチェックシートで気づけることがたくさんあります。

心によぎったことと、その結果としてのこの1カ月はどうだったのかという検証ができれば、先ほど紹介したAさんのエピソードのように、頭で考えた「こうあらねば」という決めつけから自分を解放できるでしょう。

## ●今月の自分が欲していたことを書く

年月を記入→ 2019.6月

| private | business |
|---|---|
| プライベートのこと | 仕事のこと |
| キャンプに行きたい | カウンセリングをリピートされるようになりたい |
| ゴールデンレトリバーを飼いたい | 名カウンセラーになりたい |
| ⋮ | ⋮ |

左右のバランスを見て
プライベートと仕事のどちらの欲が
強いかを見極める

仕事人間と自他共に認めていたにもかかわらず、心によぎる願望は意外にもプライベートな人間関係や遊びに関することばかりだったりすれば、それも大きな気づきです。

仕事の成功を願っていて、そればかりを「エゴリスト」に書き続けているわりに、全然仕事の変化が起こらないのだとしたら、一度自分の願望を疑ってみることをおすすめします。

「果たして、自分は本当に仕事での成功を望んでいるのだろうか」と。

仕事の成功にばかり固執してしまうと、本当の自分の欲求が見えなくなっていたりします。「まずは、仕事がうまくいくことが肝心で、あとのことは、すべてその後に願う」というふうに、成功する順番を自分で決めてしまっている人は要注意です。

繰り返しますが、潜在意識は、あなたの本当の願望に反応します。**頭で考えた「あるべき自分」よりも、心で感じる「なりたい自分」が一番大事なのです。**

その「なりたい自分」になるためには仕事の成功が必須であるなら、それも含めて潜在意識に任せてしまいましょう。

それが、本当に潜在能力を活用できる方法なのです。

プライベートばかりに正の字がたくさんあったとしても、それが相乗効果となって仕事のモチベーションにつながっていくことはよくあります。

ですから、「今月は少し仕事を頑張らないと」という理由で、意図的に仕事のカテゴリーが多くなるよう、心によぎる欲求をコントロールすることはできませんし、それでいいのです。

自分の本音が自由に心によぎるようトレーニングできるのも、「エゴリスト」の効能効果のひとつです。

## 上位の項目に対して3つの答えを用意する

次にチェックすることは、今月の自分の心と行動とのギャップです。

２つ目の「チェック　マイ　エゴ」は、真ん中の縦線といくつかの横線でページを分割します（211ページ図）。

まずは１カ月分の「エゴリスト」を見返しながら、別のメモ用紙に、心によぎった欲求の統計を正の字でカウントしていきます。

それが終わったら、一番数の多かった（つまり正の字が多かった）願望や欲求から、今月の「チェック　マイ　エゴ」の左欄に上からひとつずつ記入していきます。

多くて3～5つくらいでいいでしょう。

これで今月の「自分の心によぎった欲求」の上位5位くらいまでが書き出されます。

もちろん、ここには「したいこと」だけではなく、「欲しいモノ」も「なりたい自分」も書いていきます。

さあ、今度は右の欄を埋めていきます。次の質問に答えながら書き込んでいきます。


**「実際にやったこと」**はなんでしょう。

**「実際に手に入れたモノ」**はなんでしょう。

**「実際の自分はどんな自分」**だったでしょう。


「心によぎった欲求」と「実際にしたこと」の左右の欄が一致しているなら、あなたはもう文句なく潜在意識を使いこなしています。

自分の心によぎった欲求のすべてを手に入れている、充実したすばらしい1カ月を過ごしていたことになります。

しかし、そんなふうに1カ月、自分が思い通りに時間をムダなく使えているというのは、なかなかできないものです。

## ●欲求と行動を１カ月の過ごし方から見てみよう

| やりたいと思っていたこと | 実際にやったこと |
|---|---|
| ピアノを弾けるようになりたい | ・ピアノを習い始めた<br>・弾きたい曲の音源を手に入れた<br>・1フレーズ弾けるようになった |
| キャンプに行きたい | ・雑誌で情報収集<br>・登山靴を購入<br>・火を起こす方法など、まだまだ調べることがある |
| 名カウンセラーになりたい | ・いつもより丁寧にカウンセリングをした<br>・あまり来てくれないクライアントさんに次回の予約をもらった<br>・まだ5割の人にしか満足感を与えられていない |

3～5個書く

私の場合は、この「チェック　マイ　エゴ」をするときは、たいていちょっとした反省が必要となります。

いくつかの「心をよぎった欲求」が現実となって叶っていることにも気づき、あらためて嬉しくなることももちろんあります。

しかし、それ以上に、「本当の欲求がせっかくあるのに、全然別のことに時間を使ってしまっていた」と、がっかりしてしまうことも多いのです。

## 反省はしてもいいけど1分まで！

ここでイメージングのメソッドをひとつご紹介します。

**反省は1分。後悔はNG。**

反省はしてもいいです。でも、1分以内で終わりです。

それ以上の反省は、自己嫌悪や自己否定につながって、セルフイメージを下げてしまいます。

後悔は、どんな理由があろうともNGです。

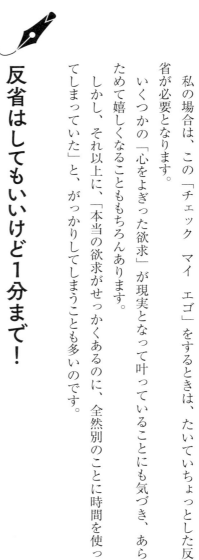

私たちは過去に戻ってやり直すことはできないのです。過去の苦痛に心を奪われるには、私たちの人生はあまりにも短すぎるのです。

今さらどうすることもできない過去をいくら悔やんでも、それは今という瞬間と、これからの未来をムダにしてしまうだけなのです。

反省はこれからの未来に活かすことができます。ですから、「チェック　マイ　エゴ」で、自分の1カ月を振り返るときに、後悔は厳禁。

反省は大いにしてください。反省がなければ、自分を正すことなく、現状のままです。これも未来をつぶしてしまうことになります。

短くシンプルに1分間だけ反省しましょう。ここからの未来をより良く生きるための反省ができればいいのです。

「チェック　マイ　エゴ」を眺めてみて、あまりにも現実的なことにばかり時間を取られている自分に気づいたら、

「このままじゃいけない。願望実現のための時間をもっとつくろう。

人づき合いもいいけれど、誘われるままにいい顔ばかりしていたら、自分の本当の夢を叶える時間がなくなってしまう」

と、1分以下の反省をすれば十分です。

このように時間の使い方に軌道修正をかけていくのが、「チェック　マイ　エゴ」の効能効果のひとつなのです。

## 「自分の時間」の使い方を4つのカテゴリーから分析する

最後に３つ目の「チェック　マイ　エゴ」をご説明します。

**今月の自分の時間の使い方**をチェックします。

ページを十字で四等分してください（217ページ図）。縦軸の線の先端に上下それぞれに、「やりたいこと」「やらなければならないこと」と書きます。

横軸の線の先端に左右それぞれに、「プライベート」「仕事」と、書いてください。

縦軸は上へ行くほど心の満足度が上がります。

横軸は左右でプライベートと仕事の度数を表しています。右に行くほど仕事の度数が高まり、左へ行くほどプライベート色が強くなるのです。

１カ月分の心によぎった欲求の統計は、いつものように別のメモ帳に正の字を加えた統計として書き出しておきます。

これは前出の２つの「チェック　マイ　エゴ」の統合編でもあります。

自分の１カ月を振り返ってみて、**「どんなことに自分の時間を使ったのだろうか」「それは仕事に関することばかりだったか、それともプライベート色が強かったのか」**という分析をして、より効果的な時間の使い方を見つけ出していくのです。

時計回りに右上から見ていくとわかりやすいでしょう。

「やりたいこと」と「仕事」に囲まれた右上は、やりたい仕事ができるのですから、心の満足と実益が同時にともなっているものが書かれます。

右下の「仕事」と「やらなければならないこと」に囲まれている部分には、心の満足度はないけれど、実益はあるというものの欄です。

生活のために嫌々ながら仕事をしているとしたら、この欄に１カ月分のあなたの行動があふれてしまうでしょう。

「やらなければならないこと」と「プライベート」に囲まれた左下の欄は、仕事でもなく、やりたいことでもないことをあなたがしたことになります。

もちろん、プライベートでも、しなければならないことはたくさんあるわけですが、要注意です。主婦の方は家事を仕事として考えていいと思います。

最後に左上の欄に移ります。「プライベート」と「やりたいこと」に囲まれています。仕事ではないので実益はともなわないかもしれませんが、プライベートでやりたいことなら、心を満足させられたり、仕事や家事の疲れを癒やせる効果は高いかもしれません。

この「チェック　マイ　エゴ」で、時間の使い方すべてがわかるわけではありませんが、十字の横線よりも上部にたくさんのことがあれば、あなたは自分のやりたいことのために時間を使っていると言えます。

縦軸の左右で仕事ばかりだったか、プライベートも充実した、バランスのいいひと月だったかの、ちょっとした目安となるでしょう。

通常私たちは、自分の出来事や仕事の期日を書き込むためのスケジュールを管理する手帳を使っていたりします。

スケジュール帳を振り返ってみたときに、「あのとき○○をしていた」「あの頃はあのプロジェクトを進めていた」というように思い出すことはできるでしょう。

でも、**「あの頃の自分は何を欲していたのか」ということは、意識の中に留めておかなければたいていは、忘れてしまいます。**

「エゴリスト」は、あなたの心によぎる欲求を記録していくノートです。

## ●今月の自分の時間の使い方をチェック

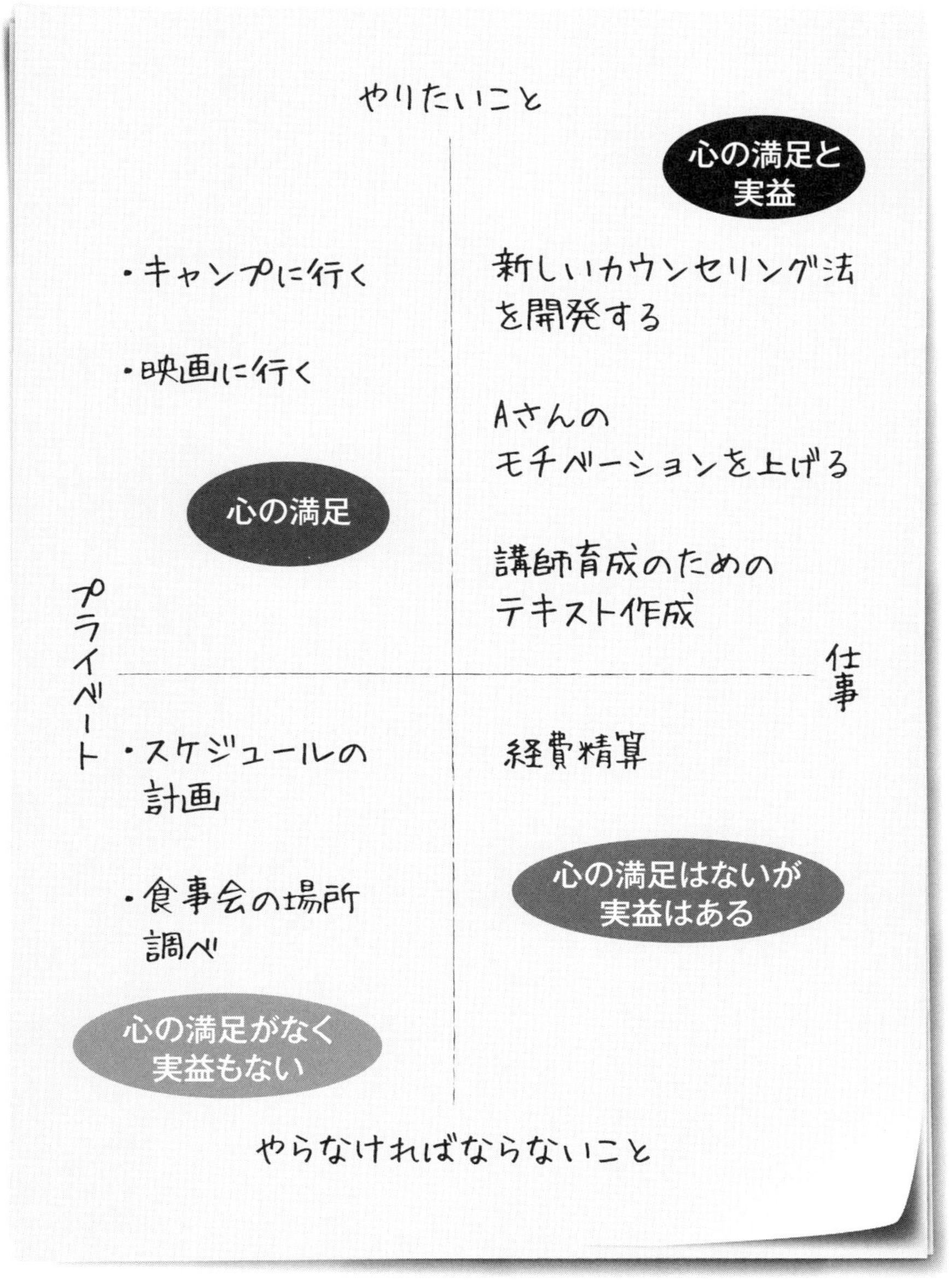

私たちの人生は、何をしたかよりも、何を目指しているかが、大切ではないでしょうか。なぜなら、私たちの潜在能力は、何かにチャレンジするたびにその力を発揮し、幸せになるための力として、誰にでも生まれたときから備わっている力なのですから。

エピローグ

# イメージンガーとしての第一歩を踏み出そう

## イメージングで手に入れる本当の永遠の幸せ

# 一度きりの人生を最大限の自分で生きる

イメージングの本が書店に並ぶたびに、自己啓発や成功哲学のコーナーに置かれてきました。もしかしたら、本書もそうしたコーナーに置かれているところを、あなたは手に取ってくださったのかもしれません。

しかし、イメージングは、自己啓発ではありません。

成功や願望を一つひとつ達成していくためだけの成功メソッドではないのです。

イメージングは、本気で人生の幸せを求める人のためのライフメソッドです。

ビジネスでの成功や、不労所得を手に入れて悠々自適《ゆうゆうじてき》な暮らしを目指すというのは、すべてその前段階のことでしかありません。

もちろんイメージングで、ビジネスの成功も、運命のパートナーとの出会いも可能です。

なぜなら、それらすべてが、潜在能力の引き出しと引き寄せによってできてしまうことだからです。

そうした、富や名声や、恋愛や結婚、優雅な生活ももちろん幸せに必要なものです。

でも、それらを手に入れても幸せになれるとは限りません。ビジネスで大きな成功を収め大富豪になった人たちや、理想通りの申し分のないすてきなパートナーと結ばれた人たちが、それでもなお不満や悩みを多く抱え、かえって不幸になってしまっているという事実が、世の中にたくさんあります。

私のカウンセリングの大テーマは、どんなときもクライアントの「幸せ」です。

どうしたら、私たちは幸せになれるのでしょうか。

もっと幸せになるには、どうすればいいのでしょうか。

今の幸せを永遠に保つ方法はないのでしょうか。

こうした幸せの追求が、どんな内容のカウンセリングにもテーマとなって根底に流れています。

人はみんな幸せになろうと思って行動しています。私はカウンセリングをしているとき、いつもこのことを心に留めながら話を聞いています。

怒っている人がいたなら、今この人は怒ることで幸せになれると思っているのだと考えます。

悲しみで泣いている人がいたら、この人は泣くことで幸せになろうとしているのだと考えるのです。

そんなふうに見ると、人の感情の動きや行動が少し違って見えてきます。

人はみんな幸せになりたくて、少しでも幸せになろうとして、毎日を生きているのです。

それなのに、私たちはグチを言い、不平不満を口にし、不機嫌な態度を取ってしまいます。そうした姿勢は、求めているはずの幸せとは正反対の方へと私たちを導いてしまうのです。

私はカウンセラーとして、ひとつの答えを持っています。

多くの人が、幸せになりたいと思っているのは本当だけど、本気でなろうとはまだ思っていない。

自分の幸せに本気で取り組んではいないから、なかなか人生が好転していかない。でも、幸せになりたいとは本当に思っている。

だからこそ、うまくいかないことがあると、腐ってしまうし、文句も言いたくなってしまう。

そんな状態だから、セルフイメージも下がってしまって、さらにうまくいかない状況を引き寄せてしまう。そんな悪循環の繰り返し。

本当に思うことと、本気で思うことは違います。特に潜在意識からすると、まるで違ってしまうのです。

潜在意識は、あなたが本気で思っていることに強く反応します。思っているのは本当だ、くらいではその反応も鈍くなってしまうのです。

もしも本気で自分の幸せを考えているなら、私たちはもっと自分自身の使い方に本気でこだわるべきです。

私たちの誰もが生まれたときから備え持っている潜在能力という領域を、もっと本気で稼働させるべきなのです。潜在意識を刺激して、潜在能力を最大限に引き出す。潜在能力は、そのほとんどがまるで手つかずのままにあなたの中で待機しているのです。

**イメージングは、本気で幸せになるためのライフメソッド**です。あなたの人生を、最高な自分で生きるための心質改善ができてしまうメソッドです。

本書をきっかけに、あなたもイメージングを人生に取り込んで、それを使いこなし、幸せに生きる**イメージンガー**になりましょう。

一度きりの人生を、最大限の自分で生きるのです。

# いつも幸せなイメージンガーの1日

イメージングをライフメソッドとして取り入れたイメージンガーの1日は、夜明けとともに始まります。

「自分は夜型だから無理だ」「日中に眠たくなってしまうと困るからできない」というのはすべて言い訳です。

私たちはどれだけの「やらない理由」で、人生のチャンスを逃し、そのクオリティを下げてしまっているかを、真剣に考えてみてください。

自分の人生がより良くなるチャンスを前にして、現状を優先してはいけません。現状維持信仰は、今すぐやめにしましょう。

夜明け少し前に目覚め、香り豊かな飲み物などを用意しながら、自分の願望や欲求に思いを馳せます。

それから「エゴリスト」に向かって、自分の心に3つの問いかけをしましょう。

「私は何が欲しい?」「私は何がしたい?」「私はどんな自分になりたい?」

もっと細かく問いかけていっても、もちろん結構です。

「どこか行ってみたい所はあるか」「会ってみたい人は誰だろう」「もう一度チャレンジするなら何をしたいか」「転職するならどんな仕事がしたいだろう」

「エゴリスト」は1回に何枚書いても構いません。

乗っているときの私は、1時間くらいかけて自分の願望や欲求を書き出し、そこからふくらんだイメージをまた書き続けて20ページを使ったこともあります。

その日の私は、いつもの1日仕事を午前中で終わらせるほどスピードとパワーがアップしました。そのおかげで午後はすべてを自分のために過ごし、夢実現のための具体的な行動を起こしていました。

毎朝の「エゴリスト」が、その日1日の原動力となります。

「エゴリスト」を書いているときの充実感と高揚感が、そのままその後の1日分のエネルギーとなるのです。

イメージンガーは、家を出るまでの日常の動きの中で、たくさんの「小さなイェス！」をしていきます。

トイレから始まって、洗面所で、コーヒーをわかしながら、トーストを焼きながら、着替えながら、家族とあいさつをしながら、新聞を読みながら、ＳＮＳやメールをチェックしながら、靴を履きながら、戸締りをしながら、たくさんのちょっとしたうまくいっていることを見つけては「イェス！」と、心に成功スタンプを押していくのです。

これで、出かける頃のあなたのセルフイメージはとても高まっています。

そのままの勢いで駅までの通勤路もたくさんの「イェス！」を見つけていきましょう。

セルフイメージの高いあなたは、質と効率と燃費においてハイパフォーマンスの仕事ができるあなたになっています。

潜在能力もアイドリング状態で、いつでもあなたをサポートできます。

セルフイメージが高いあなたは、あこがれ探しの意識も高まります。朝の「エゴリスト」は、あなたの心によぎるエゴをアウトプットする時間でした。

ですから、それ以外の時間には、今度はいかにエゴの対象となるような「いいね」と思える何かと出会うことはとても大切です。

アウトプットしたら、次はインプットするのです。インプットが充実しているからこそ、次の朝のアウトプットの時間も楽しく充実します。

イメージングを取り入れているからといって、すべてがパーフェクトにうまくいくとは限りません。この世界には、あなた以外の人たちのエゴもあふれているからです。

特に、チャレンジ精神を持って仕事をしていたり、毎日を過ごしていたりすれば、当然、いろいろなことがあります。ちょっとしたアクシデントだって起こるでしょう。

それでもイメージンガーなら、すぐに落ち込んでしまったり、消極的になってしまったりはしません。

自分が望んでいるようなドラマチックな変化が起きなかったり、自分が待っているタイミングでは実現してくれないことも、もちろんあります。

イメージングは、時として魔法のような効果をもたらすことがありますが、魔法ではないのです。

しかし、心に鳥肌が立つようなイメージが浮かんで、私たちの心がワクワク感で震えるとき、そのイメージした未来はたいてい現実化します。

何千人ものイメージングをする人たちを見てきた経験から私は知っています。

たとえ、イメージしていることが現実にはならなかったとしても、それにはそれなりの理由や原因があることも、私は同じ理由から知っています。

イメージングにはいくつかの潜在能力を刺激するフレーズがあり、イメージンガーは、そうしたフレーズを心に思い描くだけで、再びパワーを盛り返すことができます。

イメージングのフレーズは、本書でもいくつか文中に出てきています。

**やる気じゃなくてその気になる。**
**反省は1分。後悔は、NG。**
**マイナスは鼻でフンと笑う。**
**いつも最大限の自分でいく。**

イメージングフレーズは他にも**「ビビったらやる」**などいろいろありますが、まずは本書に出てきたフレーズを試してみてください。

私のクライアントのひとりにある業界日本一の大企業の社長Sさんがいます。そのSさんがこんなことをおっしゃっていました。

「言葉で変われる奴は絶対成功する。あとはどんな言葉を大事に、自分のものにするかだ」

私はなるほどと思いました。なぜなら私の他のクライアントも、みなさん言葉を大切にしている成功者ばかりだからです。

座右の銘と言いながら、他人にそれを見せびらかす飾りにしかなっていない人と、本当にその言葉通りの自分でいようと徹底している人では、その人生は大きく違っていきます。

「これだ」と思える言葉を、自分のセルフイメージの一部に採用してしまうのですから、その先の人生が変わっていくのは当然。まさにイメージングです。

イメージングメディテーションのときに、イメージングフレーズを心に描きましょう。あなたのセルフイメージのひとつになっていきます。

先ほどの「ビビったらやる」というフレーズがあります。

潜在能力を使って生きることを自分の人生のルールにするなら、ビビったときこそ挑戦していかなければ、嘘になってしまいます。

「ビビってもやる」ではなく、「ビビったらやる」がイメージンガーの理想です。

この「ビビったらやる」をセルフイメージにした人は、今までならビビるということは、腰が引けて怖くなる瞬間なので、迷わず即やめてしまってもしかたがないことでも、これからはビビったからこそ挑戦していく人生になります。

これだけで潜在能力の覚醒度合いは一気に高まり、成功する確率も限りなく上昇します。

# 2つの時間を大切に過ごせばいい

イメージングメディテーションは、1日に何度でも、いつでも、どこでも、気が向いたときは積極的に音声を聴きながら行ないましょう。

自分の潜在意識とつながる瞬間は、多ければ多いほど活性化が進みます。潜在能力は、幸せになるための能力です。

その能力を錆《さ》びつかせたり、逆方向へ向かわせたりしていて、幸せになれるはずがありません。

せっかく幸せになるために備わっている能力を、もっともっと使っていきましょう。

私たちの人生は、自分の本当にやりたいことを見つけるための時間と、そのやりたいことをやっている時間の2つだけでいいのです。

昨日見つけたあこがれが、今日にはあなたそのものになっている。それがイメージング的在り方です。あこがれを自分のセルフイメージに取り込むからこそ、イメージングでそれが可能なのです。

イメージングで、なりたい自分になったとします。それで人生というゲームの全ステージをクリアできたわけではありません。

なりたい自分になることが、人生の最終ゴールではないからです。本当の幸せを手に入れる究極の人生とは、そこからが始まりなのです。

最も大切なのは、なりたい自分になることで何を手に入れるかでしょう。

なりたい自分でどんな人生を歩んでいきたいかが、本当の幸せの鍵となるのです。

私は25年間のカウンセリングで、ようやくその幸せの鍵と思えるものを探り当てました。

**大好きな自分を、愛してもらいたい人から、愛される人生。**

行き着いたのは、「成功する人生」でも「尊敬される人生」でも「感謝される人生」でもありませんでした。「愛される」というキーワードだったのです。

ひとりでも多くの人に愛されるのではありません。もちろん多くの人に愛されることは、すばらしいことです。

しかし、自分が愛してもらいたい人に愛されることが、本当の幸せを得るためにはとても大切なことです。

そして、**何よりも重要なのは、愛されるための自分になるのではなく、あなたが大好きな自分が、愛されること**です。

**自分自身が、大好きな自分でいること。**

この自分が最も大事なのです。その自分を愛してもらうこと。

あなた自身がまず、あなたを本気で愛していることが、絶対的な条件となるのです。

これには注釈が必要でしょう。なぜなら、今の自分で十分大好きだ、というのとは違うからです。

今の自分を見つめてみて、どれくらい好きかを問うものではないのです。潜在能力を使って、なりたい自分になれるとしたら、それはあなたの満足度100％の、すべてのあこがれの集大成としての理想の自分であるはずなのです。

これは決して、欠点の全くない完ぺきな人間という意味ではありません。完ぺきに大好きな自分という意味なのです。

**潜在能力を最大限に引き出すことで手に入れた自信作のあなたを、愛してもらいた**

**い人に愛される人生。**

それこそが、私たちが潜在能力を使って得ることのできる究極の幸せなのではないでしょうか。

そのために、最も有効なセルフイメージに書き換え、最高の人生を可能にするライフメソッドがイメージングなのです。

私がイメージングを通して伝える幸せとは、そうならなければ幸せにはなれないのではありません。

この幸せの存在を知ったあなたが、その幸せを目指し始めた今ここから、あなたの幸せは始まります。

イメージングは、未来をつくります。時間とともにやってくる未来を受け入れるだけの人生ではなくなります。あなたが望む未来を、潜在能力とともにつくり出し、切り拓《ひら》いていくのです。

イメージングで未来に向かっていくと、ある特有の感覚に包まれるようになります。「今、ここにいる自分」が大好きになり、未来での願望実現の是非があまり気にならなくなります。

理想の未来をつくり出すためにイメージングしているのに、未来よりも今の自分が好きになるというのは、一見矛盾しているように思われるでしょう。

それはこういうことなのです。

未来での願望実現がどうでもよくなってしまうわけではありません。むしろ、それが叶うことを心から信じられているのです。

全く疑うという感覚が自分の中からなくなるのです。それが必ず叶うということを、すでに自分は知っているという感覚が近いかもしれません。

ですから、必ず未来で待っている願望実現に向かっていく「今、ここにいる自分」の行動のすべてを、幸せだと感じるようになるのです。

イメージンガーは、自分の未来を見ます。「エゴリスト」の中に。イメージングメディテーションのイメージの中に。

その見えている未来の自分のクオリティを、今日という日を使って、磨きをかけ、より高めていくのです。

イメージングは、「今、ここにいる自分」で幸せを感じます。

しかし、それは過去も未来も関係のない「今、ここ」ではありません。

**My here and now connect with my greatest future.**
**今、ここにいる私は、すばらしい未来とつながっている。**

イメージングで言う「今、ここ」は、すばらしい未来とつながっている「今、ここ」にいる自分だからこそ、幸せな自分でいるのです。
ちなみに不安の正体とは、先が見えないときに私たちを襲うマイナスのイメージです。見えないからこそ、その部分をイメージで埋めようとするのです。それが防衛本能によってマイナスのイメージで埋めてしまうから不安になってしまうのです。

**未来の自分のためなら、今の自分を捨てる覚悟がある。**

アインシュタインの言葉です。私たちは昨日と同じ自分で、今日もまた生きていると錯覚しています。
イメージングメディテーションでなりたい自分を潜在意識にインプットできれば、私たちは好きな自分で今日を生きることができます。

本当に求めているものを明確にして、それを手に入れるための力を潜在能力に求めれば、必ずそのために必要な能力が与えられます。

そのことを、天才アインシュタインが知っていたとしても、驚くことではありません。

## あなたは愛されたい人から愛されていますか？

潜在能力は、幸せになるための能力です。

では、その潜在能力をどう使えば、私たちは幸せになれるのでしょうか。

そのズバリの答えは、大好きな自分になることです。

潜在能力を使えるようになれば、この世界をどんな自分で過ごしていきたいかを選べる自由が手に入ります。

潜在能力を使えるようになるのは、本書の特典として用意したイメージングメディテーションに任せてください。

私の25年間のカウンセリング実績が、**イメージングメディテーションを聴くことで潜在能力を覚醒させられる**ことを証明しています。

最も重要なのが、大好きな自分とはどんな自分なのかです。一体どんな自分で、あなたは一度きりの自分の人生を過ごしたいと思うのでしょうか。

「エゴリスト」で、大好きな自分のイメージを見つけましょう。そして、その理想の自分のイメージを毎日磨いていきましょう。

イメージングで自分を変えられることを知ったあなたは、もっともっと貪欲《どんよく》になるべきです。

物欲や、出世欲や、名誉欲や、承認欲もいいですが、もっと自分を磨きたいという欲求。自分の可能性を引き出せることを知ったら、周りからの評価や他人の目などを気にする必要などなくなるのです。

あなたの本音の欲求は、あなたの心をよぎります。それを毎日、毎朝の潜在意識のプラチナタイムに「エゴリスト」を開いて、待つのです。

あせりは禁物です。でも、絶対に後回しにはせずに、今から探し始めましょう。

人生は一度きり。有限なのです。

有限の時間に対して、私たちの可能性はあまりに無限です。そんな自分をどう最大限に活かし、幸せになっていくか。そのために私たちは人生というチャンスを与えられているのです。

「エゴリスト」は、ライフメソッド「イメージング」の最重要アイテムです。

でも、これはイメージングのほんの一部であり、まだまだたくさんのメソッドやアイテムがイメージングには存在しています。

これを機に、イメージングを幸せのためのライフメソッドとして、あなたの人生に取り入れていきましょう。

一度きりの自分の人生を、最高の人生にするために、あなたがしなくてはならないこと。

それは、

**幸せになるために心をクリエイトする、**
**成功に必要なクリエイティブな能力を引き出していく、**
**大好きだと思える自分をクリエイトする。**

これらをライフメソッド「イメージング」が可能にします。

本書を通じて、イメージングを自分のライフメソッドとするなら、あなたは多くの人に愛される自分になるでしょう。

チャンスに愛されるでしょう。運命にも愛されるでしょう。お金にも愛されます。そして、本当の愛と出会えるはずです。

本当の愛を受け取れるための人生をクリエイトしましょう。

未来はあなたの手の中にあります。そう言い切っても過言ではないことを、私はカウンセラーを務めてきて堅く信じられるようになりました。その未来とつながっている「今、ここにいる自分」から幸せになっていきましょう。

自分の可能性を信じてチャレンジしていく人ほど、人生は障害物レースとなります。しかし、それを恐れて可能性を放棄してしまったら、幸せは永遠に自分のものにはならないでしょう。

潜在能力は、あなたが幸せになるためのチャレンジをするときに、その力を発揮してくれるのです。

私たちは、自分の可能性に気づくために生まれてきて、その可能性を一つひとつ覚醒させるたびに、感動し、喜びを味わうことができます。

子どものときの私たちの毎日は、まさにそんな日々の連続でした。

それが大人になるにつれて、自分の限界を知っていると錯覚するようになります。「もう可能性を追求しても、自分の中に新しいものは何もない」と断定してしまうのです。

だから、毎日をルーティン化して、その中で失敗をしないように生きていくようになってしまうのです。

本書を読まれて、それが全くの誤解だったと気づかれたでしょう。大人の私たちには、まだまだ90%以上の使われていない可能性があるのです。

その可能性は、チャレンジすることで覚醒します。そのためにこそ、あなたには潜在能力があるのです。

さあ、迷うことなどありません。

今からあなたの本当の人生が始まります。

「エゴリスト」で、あなたの本当の願望欲求を掘り起こし、そのすべてを手に入れるためのチャレンジをするのです。

チャレンジといっても歯を食いしばって努力するのではありません。潜在意識を使うのです。

イメージングはあなたの潜在能力を引き出します。単なる成功を人生の目標にするのではなく、その成功の先にある、豊かで愛される本当の幸せをあなたのものにしてください。

愛してもらいたい人のうち、実際どれだけの人に、あなたの自信作の自分を、愛してもらえるでしょうか。

イメージングで、あなたの人生の代表作を、あなた自身にしてください。

【著者プロフィール】

## ジョイ石井（Joy Ishii）

カウンセラー。

1965年東京生まれ。18歳で渡米。24歳で帰国し俳優になるが、内なる表現方法をさらに追求するために、様々なチャレンジをし始める。29歳でカウンセラーとしてキャリアをスタート。

たったひとりのクライアントから始まったが、すぐに経済界、政界、プロスポーツ界、芸能界、美容界など、各分野のトップや著名人から絶大な支持と信頼を得るカウンセラーになる。

現在、25年のキャリアを積み、新規の予約は3年待ちの状態。成功者のカウンセリングを行なう中で生まれた「イメージング」という自己改革法を考案。ビジネス、ダイエット、リラクゼーション、視力回復、美肌、禁煙、自信強化、記憶力UPなど、あらゆるシーンに対応できる『イメージングCD』を多数リリース。

イメージングのメソッドを身につけることができる「イメージングアカデミー（全国各地で開催中）」を主宰。開催毎に満席となっている。講演会、研修、ライブ、そしてアカデミーを含めると、のべ4万人以上にイメージングの驚異的なすばらしさを伝えている。

人材派遣、医療、美容、芸能、スポーツ、そして政治、経済界など、様々なジャンルの業界から依頼され、カウンセリングにとどまることなく役員研修、企業研修にも力を注いでいる。

『「自分を好きになる」と幸せになる』（マキノ出版）など著書多数。『聴くだけでやせるCDブック』（マガジンハウス）はAmazonランキング1位を獲得。ベストセラーも多数ある。

ジョイ石井公式サイト　https://www.joyishii.com/
ジョイ石井公式ブログ　https://ameblo.jp/joy-ishii/

Powered by joysway Inc.
Produced by avex entertainment Inc.

# 努力をやめるノート

2019年8月5日　初版発行

著　者　ジョイ石井
発行者　太田　宏
発行所　フォレスト出版株式会社
〒162-0824　東京都新宿区揚場町2-18　白宝ビル5F
電話　03-5229-5750（営業）
03-5229-5757（編集）
URL　http://www.forestpub.co.jp

印刷・製本　日経印刷株式会社


ISBN 978-4-86680-051-6　Printed in Japan